Philipp Spichtinger

Wiens subkulturelle Musikpresse

Philipp Spichtinger

Wiens subkulturelle Musikpresse

„Flex Digest", „Cracked" und „Rokko's Adventures" –
Magazin-Entwicklungen seit Mitte der 1990er Jahre

Tectum Verlag

Philipp Spichtinger

Wiens subkulturelle Musikpresse.
„Flex Digest", „Cracked" und „Rokko's Adventures" - Magazin-Entwicklungen seit Mitte der 1990er Jahre

ISBN: 978-3-8288-2286-3

Umschlagabbildung: © coresince84 | photocase.com

Covergestaltung: Felix Hieronimi

Besuchen Sie uns im Internet
www.tectum-verlag.de

Bibliografische Informationen der Deutschen Nationalbibliothek
Die Deutsche Nationalbibliothek verzeichnet diese Publikation in der Deutschen Nationalbibliografie; detaillierte bibliografische Angaben sind im Internet über http://dnb.ddb.de abrufbar.

Inhaltsverzeichnis

1 Einleitung 9

1.1 Problemstellung 9

1.2 Forschungsziel/Hypothesen 9

1.3 Stand der Forschung 11

1.4 Aufbau der Arbeit 11

2 Theorieteil 13

2.1 Alternative Medien 13

2.1.1 Hans Magnus Enzensberger 13

2.1.2 Oskar Negt/Alexander Kluge 14

2.1.3 Gegenöffentlichkeit 15

2.1.4 Begriffsbestimmungen 15

2.1.5 Kurt Weichler 16

2.1.6 Johanna Dorer 17

2.1.7 Ökonomie 18

2.1.8 Kritik der alternativen Medien 19

2.2 Neue Soziale Bewegungen 20

2.3 Kultur 21

2.4 Theorie der Subkultur 23

2.5 Cultural Studies 24

2.5.1 Geschichte der Cultural Studies 24

2.5.2 Centre For Contemporary Cultural Studies (CCCS) 25

2.5.3 Ideologie, Hegemonie und Widerstand 26

2.5.4 Stil, Bricolage und Homologie 26

2.5.5 Kritik an den Cultural Studies 28

2.6 Subkulturelle Medien 29

2.7 Musikjournalismus 30

2.7.1 Theoretische Grundlagen 30

2.7.2 Populärer Journalismus 31

2.7.3 Geschichte des Musikjournalismus 31

2.7.4 Der anglo-amerikanische Raum ... 31
2.7.5 Die Entwicklung in Deutschland ... 32
2.8 Fanzines ... 33
2.8.1 Arten von Fanzines ... 34
2.8.2 Geschichte der Fanzines ... 36
2.9 Punk ... 37
2.9.1 Geschichte des Punks ... 38
2.9.2 Ideologie des Punks ... 40
2.10 DIY ... 41
3 Methodologie und Methode ... 45
3.1 Qualitative Sozialforschung ... 45
3.2 Forschungsprozess ... 46
3.2.1 Feldzugang ... 46
3.2.2 Fallauswahl ... 47
3.2.3 Datenerhebung ... 48
3.3 Auswertung ... 48
3.3.1 Transkription ... 48
3.3.2 Inhaltsanalyse ... 49
4 Darstellung der Ergebnisse ... 51
4.1 Subkultur ... 51
4.2 Finanzierung ... 53
4.3 Selbstverständnis ... 59
4.4 Das Internet ... 61
4.5 Professionalisierung ... 66
4.6 Motivation ... 69
5 Interpretation ... 73
5.1 Subkultur ... 73
5.2 Ökonomie/Finanzierung ... 74
5.3 Selbstverständnis ... 75
5.4 Der Einfluss des Internets ... 78
5.5 Professionalisierung ... 78

5.6 Motivation 80
6 Resümee 81
7 Quellen 83
7.1 Literatur 83
7.2 Internet 86
8 Anhang 87
9 Abstract 93

1 Einleitung

1.1 Problemstellung

Ich möchte in meiner Arbeit die Entwicklung der subkulturellen Musikpresse seit Mitte der 1990er-Jahre in Wien untersuchen. Es soll herausgearbeitet werden, wie sich die Rahmenbedingungen für eine solche Musikpresse im letzten Jahrzehnt geändert haben und durch welche Faktoren diese Veränderungen bedingt sind. Besonderes Augenmerk möchte ich hierbei auf die ökonomischen Rahmenbedingungen richten. Das Aufkommen des Internets in den letzten 10 bis 15 Jahren nimmt hierbei eine wesentliche Rolle ein und soll ebenfalls bearbeitet werden. Eine weitere interessante Fragestellung ist, ob sich dieses Mediensegment in jenem Zeitabschnitt professionalisiert hat. Weiters möchte ich die Motive von subkulturellen Medienschaffenden untersuchen. Ein zentraler Punkt meiner Arbeit wird die Definition der subkulturellen Musikpresse sein. Ich möchte mich nur mit der Situation in Wien beschäftigen, da das Material sonst den Umfang einer Diplomarbeit sprengen würde.

Theoretisch werde ich mich dabei auf diverse Theorien der Subkultur (sowohl im deutschsprachigen als auch im angloamerikanischen Raum) sowie auf Theorien der alternativen Presse bzw. der alternativen Kommunikation stützen.

Schwierig erschien mir zu Beginn die Wahl meiner Forschungsobjekte, ich wollte keine weitere Arbeit über „Fanzines" (eine Definition dieses Begriffes erfolgt in Kapitel 2.5) verfassen, sondern auch Printmedien untersuchen, die sich selbst nicht als Fanzines verstehen, sondern wohl eher als Musikmagazine definiert werden können.

Mein persönliches Erkenntnisinteresse ergibt sich aus meiner Teilhabe an einer gewissen „subkulturellen Musikszene". Ich spielte und spiele immer noch in Bands, die man wohl dieser „Szene" zuordnen kann, weiters organisierte ich Konzerte und Veranstaltungen in diesem Bereich und habe früher auch Artikel für Fanzines verfasst.

1.2 Forschungsziel/Hypothesen

Aus meinem oben grob umrissenen Forschungsinteresse formulierte ich zu Beginn meiner Untersuchung folgende Forschungsfragen:

- Wie ist das Selbstverständnis von subkulturellen Medienschaffenden? Unter welchen ökonomischen bzw. ideologischen Bedingungen kann man von subkulturellen Medien sprechen?
- Wie definieren ProtagonistInnen der subkulturellen Musikpresse den Begriff „Subkultur"? Wie hat sich die Bedeutung dieses Begriffes in den letzten Jahren verändert?
- Wie finanzieren sich subkulturelle Print-Medien? Wie haben sich die ökonomischen Rahmbedingungen für die subkulturelle Musikpresse in Wien in den letzten 10 Jahren verändert? (Subventionen, Anzeigen, eventuelle Bezahlung der MitarbeiterInnen...)
- Hatte das Aufkommen des Internets bzw. die technische Entwicklung im Allgemeinen Einfluss auf dieses Mediensegment? Wenn ja, in welchen Bereichen?
- Haben sich subkulturelle Printmedien, die sich mit Musik beschäftigen, in den letzten Jahren professionalisiert? Wenn ja, auf welche Art und Weise?
- Welche Motivation steckt hinter dem Publizieren eines subkulturellen Musikmediums?

Aus diesen Forschungsfragen lassen sich somit folgende Hypothesen ableiten:

- Die ProtagonistInnenn dieses Mediensegments definieren sich selbst durchaus als subkulturell bzw. als Teil einer subkulturellen Szene (auf die Faktoren, die Subkultur bedingen, werde ich im Theorieteil näher eingehen und diese dann im empirischen Teil auf ihre Richtigkeit überprüfen).
- Die Definitionen von Subkultur der jeweiligen Medienschaffenden unterscheiden sich von den wissenschaftlichen Theorien und haben sich in den letzten Jahren verändert.
- Subkulturelle Printmedien finanzieren sich durch die selben Faktoren wie kommerzielle Medien, nur ist die prozentuelle Aufteilung dieser Faktoren unterschiedlich (Subventionen, Anzeigen, Verkauf etc.). Die ökonomischen Bedingungen für die subkulturelle Musikpresse haben sich in den letzten 10 Jahren eher zum Schlechteren gewandelt. Unbezahlte Arbeit ist ein wesentlicher Faktor.
- Das Internet hatte massiven Einfluss auf die Rahmenbedingungen solcher Publikationen bzw. auf die Print-Landschaft dieses Segments, da viele Publikationen ihre Print-Ausgaben

einstellten und nur mehr im Internet erscheinen bzw. viele so genannte Web-Zines neu gegründet wurden.

- Im Allgemeinen kann man von einer schrittweisen Professionalisierung subkultureller Musik-Publikationen sprechen, unter Anderem. bedingt durch die technische Entwicklung in den letzten Jahren.
- Die verschiedenen Motive, ein subkulturelles Musikheft zu veröffentlichen, sind äußerst divers und heterogen. Eines dieser Motive könnte z.B. eine politisch geprägte Sichtweise von subkulturellen Medien sein.

1.3 Stand der Forschung

Zu den theoretischen Grundlagen dieser Arbeit gibt es eine Vielzahl an Literatur und Forschungsarbeiten, wobei man anmerken muss, dass ein Großteil der Literatur aus dem deutschsprachigen Raum relativ veraltert ist (sowohl im Bereich der Subkultur-Forschung als auch der alternativen Medien). Die „Klassiker" dieser Forschungsbereiche stammen allesamt aus den 1970er- oder 1980er-Jahren, aktuellere Werke zur Thematik konnte ich nur in einer verschwindend geringen Menge finden.

Anders verhält es sich im anglo-amerikanischen Raum. Aufgrund des Booms der Cultural Studies in den letzten Jahren gibt es hier eine Vielzahl an Arbeiten, die sich mit dem Thema Subkultur bzw. ähnlich gearteten Forschungsinteressen beschäftigen.

Zum Thema „Fanzines" bzw. alternative Medien gibt es einige Diplomarbeiten, die sich auf die Situation in Österreich beziehen[1]. Diese Arbeiten haben allerdings ein anderes Forschungsinteresse, andere Forschungsobjekte und/oder beschäftigen sich mit einem unterschiedlichen Zeitraum, sodass es hierbei zu keinen thematischen Überschneidungen kommt.

1.4 Aufbau der Arbeit

Meine Forschungsarbeit besteht im Wesentlichen aus zwei großen Teilen, dem Theorieteil sowie dem empirischen Teil.

---

1 Vgl. z.B. Drobil, Konstantin: "Die Alternativpresse in Österreich - eine Untersuchung der ökonomischen Strukturen und der staatlichen Rahmenbedingungen anhand einer repräsentativen Erhebung 1992", Wien 1993 oder Weber, Karin: „Österreichische Fanzines aus der Punkrock-, Oi!- und (antirassistischen) Skinheadszene", Wien 2005

Zu Beginn meiner theoretischen Überlegungen beschreibe ich kommunikations-wissenschaftliche Grundlagen dieses Forschungsbereiches, nämlich die alternative Kommunikation bzw. alternative Medien. Danach beschäftige ich mich mit dem Begriff der Gegenöffentlichkeit bzw. werde ich zentrale Begriffe meiner Forschungsarbeit definieren. Anschließend werde ich näher auf die theoretischen Überlegungen zur Ökonomie der alternativen Medien eingehen, bevor ich in einem kurzen Exkurs die Geschichte der neuen sozialen Bewegungen mit besonderem Augenmerk auf Österreich beschreiben werde. Dies erscheint mir wichtig, um meinen Forschungsgegenstand in den richtigen historischen Kontext zu stellen. Darauf folgt das Kapitel zur Theorie der Subkultur, wobei ich sowohl auf die deutschsprachigen VertreterInnen dieses Bereichs als auch auf die Cultural Studies des anglo-amerikanischen Raumes, allen voran das Centre For Contemporary Cultural Studies, eingehen werde. In der Folge geht es um Musikjournalimus im Allgemeinen bzw. dessen Geschichte, bevor ich auf das Phänomen „Fanzine" zu sprechen kommen werde. Abschließend möchte ich mich näher mit einigen Begriffen beschäftigen, die für den Forschungsgegenstand meiner Arbeit von Bedeutung sind, wie z.B. das DIY-Konzept.

Im zweiten Teil meiner Arbeit werde ich die von mir verwendeten Methoden beschreiben bzw. einen kurzen Einblick in die qualitative Sozialforschung bzw. in die Methode des qualitativen Interviews geben. In Folge werde ich die verschiedenen Stufen meines Forschungsprozesses erläutern. Abschließend werden die empirischen Ergebnisse meiner Untersuchungen präsentiert und anhand meiner Forschungsfragen bzw. der im Theorieteil beschriebenen Überlegungen analysiert und interpretiert.

2 Theorieteil

Ich möchte meine Arbeit in einen theoretischen Rahmen einbetten, der sich aus zwei verschiedenen Ansätzen zusammensetzt. Zum einen aus dem Konzept der alternativen Kommunikation bzw. der alternativen Medien und zum anderen aus einem soziologisch geprägten Zugang, der sich mit dem Phänomen der Subkultur(en) beschäftigt. Diese zwei Ansätze möchte ich zu einer schlüssigen Definition von subkulturellen Medien verbinden.

2.1 Alternative Medien

> „Eine ‚Theorie der Alternativpresse' gibt es nicht. Was bislang so benannt wurde (…) ist im Grunde nichts anderes als ein Haufen von Ansprüchen, der weit mehr in den Köpfen der intellektuellen Zeitungsmacher entstanden ist, als dass er Resultat praktischer Erfahrungen genannt werden könnte" (Weichler 1983: 62 f.).

2.1.1 Hans Magnus Enzensberger

Einen der wichtigsten theoretischen Ansätze zu alternativer Kommunikation liefert Hans Magnus Enzensberger in seinem Werk „Baukasten zu einer Theorie der Medien" aus dem Jahre 1970. Er diskutiert Möglichkeiten des emanzipatorischen Mediengebrauchs, wobei er sich hauptsächlich auf den Rundfunk und die Radiotheorie von Bertolt Brecht bezieht. Diese besagt, dass man den Rundfunk nicht nur als Distributionsapparat, sondern auch als Kommunikationsapparat nutzen sollte (vgl. Enzensberger 1997: 100).

Folgende Punkte sind für Enzensberger konstituierend für einen emanzipatorischen Mediengebrauch:

- Dezentralisierte Programme
- Jede/r EmpfängerIn ist potentielle/r SenderIn
- Mobilisierung der Massen
- Interaktion der TeilnehmerInnen, Feedback
- Politischer Lernprozess
- Kollektive Produktion
- Gesellschaftliche Kontrolle durch Selbstorganisation (vgl. ebenda: 116)

Weiters beschäftigt sich Enzensberger im „Kursbuch" mit der Manipulationsthese. Davon ausgehend, dass Kommunikation bei

Gebrauch eines Mediums immer von einem/einer gewissen AkteurIn manipuliert wird, empfiehlt Enzensberger der Linken in die Offensive zu gehen. Man sollte demzufolge also nicht nur die Rolle der Massenmedien kritisieren, sondern selber zum/zur ManipulateurIn werden:

> „Jeder Gebrauch der Medien setzt also Manipulation voraus (...) Ein unmanipuliertes Schreiben, Filmen und Senden gibt es nicht. Die Frage ist daher nicht, ob die Medien manipuliert werden oder nicht, sondern wer sie manipuliert. Ein revolutionärer Entwurf muß (sic) nicht die Manipulateure zum Verschwinden bringen, er hat im Gegenteil einen jeden zum Manipulateur zu machen" (ebenda: 106).

2.1.2 Oskar Negt/Alexander Kluge

Ein weiterer wichtiger Theorieansatz zu den alternativen Medien findet sich im bekanntesten Werk von Oskar Negt und Alexander Kluge, „Öffentlichkeit und Erfahrung". Die beiden Marxisten stellen der klassischen bürgerlichen Öffentlichkeit das Modell der proletarischen Öffentlichkeit gegenüber. Bei der Definition der bürgerlichen Öffentlichkeit ist das Standardwerk „Strukturwandel der Öffentlichkeit" von Jürgen Habermas zentral (vgl. Kettler 1997: 31). Es handelt sich hierbei um einen historischen Abriss der bürgerlichen Öffentlichkeit seit dem 18. Jahrhundert (vgl. ebenda: 32). Negt und Kluge beschreiben die bürgerliche Öffentlichkeit als

> „Diktatur der Bourgeoisie (...) ein Geflecht von Normen, Legitimationen, Abgrenzungen, Verfahrensregeln, Gewaltenteilung, das die einmal errichtete politische Öffentlichkeit hindern soll, Entscheidungen zu treffen, die die bürgerliche Produktionsordnung stören oder abschaffen (...) sie ist eine der Grundlagen der gesellschaftlichen Disziplin" (Negt/Kluge 1972: 103 ff.).

Die bürgerliche Öffentlichkeit braucht bzw. bedingt die proletarische Öffentlichkeit. Die beste Strategie gegen die bürgerliche Öffentlichkeit sehen die Autoren in der Praxis, sprich im Aufbau einer proletarischen Produktion. Die hierdurch bedingte proletarische Öffentlichkeit deckt sich in vielen Punkten (Kollektivität, Aufhebung der Arbeitsteilung, selbst bestimmte Produktion) mit dem Begriff der „Gegenöffentlichkeit", welche als zentrales Merkmal von alternativen Medien gilt und später von Theoretikern wie Kurt Weichler aufgegriffen und verfeinert wurde.

2.1.3 Gegenöffentlichkeit

Was versteht man nun unter Gegenöffentlichkeit? Konstantin Drobil definiert das Herstellen von Gegenöffentlichkeit „einerseits durch das Aufgreifen von in etablierten Medien vernachlässigten Themen, (...) andererseits durch die Berücksichtigung von und die Information von und über (gesellschaftliche) Minderheiten und Randgruppen" (Drobil 1993: 22).

Für Gerhard Ladstätter sind folgende Punkte zentral für die Konstituierung von Gegenöffentlichkeit:

- Parteinahme statt Objektivität
- Medien sind Bildungs-, Kultur- und politische Meinungsbildungsmittel statt Waren
- Kein Gewinnstreben, dafür wird Arbeit in Form von Selbstausbeutung geleistet
- Gemeinschaftliche Produktion statt Einzelproduktion (Produktions- und Entscheidungsfindungsprozesse sollen gemeinschaftlich statt hierarchisch ablaufen, um autoritäre Strukturen zu verhindern)
- Verwendung einfacher Techniken statt Großtechniken
- Autonomie, Unabhängigkeit, Selbstbestimmung, jedoch informelle Strukturen (vgl. Ladstätter 1999: 34)

2.1.4 Begriffsbestimmungen

Zu Beginn möchte ich anmerken, dass eine genaue Definition von alternativen Medien schwierig bis unmöglich ist. Dies wird auch immer wieder in der Literatur konstatiert. Alleine der Begriff „alternativ" ist bereits ein äußerst schwammiger und wird von den unterschiedlichsten Gruppierungen und Gemeinschaften verwendet: „Außerdem wurde der Begriff schnell zu einem Modewort der (breiten) Gesellschaft; seiner ursprünglichen Ansprüche entledigt dient ‚alternativ' (heute) bereits Lifestyle-Magazinen zur Vermarktung." (Drobil 1993: 17). Zum anderen erscheinen mir viele der existierenden Begriffsbestimmungen als veraltert und nicht mehr zutreffend auf die aktuelle Medienlandschaft. Dennoch möchte ich die wichtigsten Ansätze zu einer Definition von alternativen Medien im Folgenden beschreiben:

Die HerausgeberInnen des Medienverzeichnis 1992/93 definieren Alternativmedien als

> „Medien mit nicht-kommerziellen Inhalten, basisorientierte, autonome Medien, die sich an innovativ-zukunftsorientierten, basisdemokratischen, authentischen und partizipationsorientierten Prinzipien messen und dem herkömmlichen Medienangebot quer liegen" (Dorer/Marschik/Glattau 1992: 10).

In einem anderen Artikel schreibt Johanna Dorer:

> „Nichtkommerzielle Medien unterscheiden sich von kommerziellen Medien durch ihr Selbstverständnis, dessen Prämissen die Herstellung von Gegenöffentlichkeit, die Wahrung von Authentizität und Autonomie in der Berichterstattung, sowie die Ablehnung einer ökonomischen Zweckrationalität sind" (Dorer 1995: 328).

Eine mehr auf die politische Ebene zielende Auffassung vertritt Gerhard Kettler, wenn er schreibt:

> „Alternativmedien sind nicht-kommerzielle, also nicht der Lukrierung von Profiten dienende Produkte alternativer Öffentlichkeit, d.h. von alternativen Gruppen herausgegebene, grundlegend antikapitalistisch/antirassistisch/antipatriarchal orientierte Medien" (Kettler 1997: 41).

Diese Definition halte ich für problematisch, da sie das Feld der alternativen Medien stark begrenzt und diverse Medien automatisch von jenem Feld ausschließt.

2.1.5 Kurt Weichler

Kurt Weichler veröffentlichte 1987 in seinem Werk „Die anderen Medien - Theorie und Praxis alternativer Kommunikation" einen „Baukasten alternativer Kommunikation", der die folgenden drei Bausteine umfasst:

1. Aufhebung der Trennung von KommunikatorInnen und RezipientInnen

Dieser Punkt orientiert sich stark an den Thesen von Brecht und Enzensberger, der Kommunikationsprozess soll in beide Richtungen geöffnet werden, damit RezipientInnen und KommunikatorInnen zu gleichberechtigten PartnerInnen werden. Jede/r habe das Recht, „seine Meinung per Medium in den Kommunikationszusammenhang einzuspeisen" (Ladstätter 1999: 38). Kettler meint dazu, dass dieses Kriterium per se nicht ein Merkmal alternativer Kommunikation sein kann, da ein solcher Anspruch „in erster Linie oder ausschließlich für enge subkulturelle oder Gruppenzusammenhänge konzipierte Szenemedien und Fanzines verwirklicht" (Kettler 1997: 44) werden könne.

2. Herstellung von Authentizität

Weichler ist der Auffasung, dass die Lebenserfahrungen von in der Gesellschaft marginalisierten Gruppen (z.B. Arbeitslosen) in den Massenmedien nur verzerrt oder gar nicht wiedergegeben werden. Aufgabe der alternativen Medien sei es nun, diese Erfahrungen unverzerrt, d.h. authentisch wiederzuspiegeln (vgl. Weichler 1987: 16 f.). Dadurch werde eine Art von Authentizität geschaffen, wie sie in den bürgerlichen Medien von Vornherein nicht möglich wäre: „Die Betroffenen (sollen) selbst ungehindert, wie in ihren Aussagen unbearbeitet zu Wort kommen" (ebenda: 16). Auch dieser Baustein wird von Kettler als „höchst konfliktär" (Kettler 1997: 45) bezeichnet, da er im Widerspruch zu der von Drobil beschriebenen Professionalisierung alternativer Medien (vgl. Drobil 1993: 35) stehe.

3. Verbindung von Kommunikation und Aktion

Als dritten Baustein nennt Weichler die Verbindung von Kommunikation und Aktion. Er meint damit, dass alternative Medien immer an einer Veränderung des herrschenden Systems interessiert sind, im Gegensatz zu den bürgerlichen Medien, die system-stabilisierend wirken. An dieser Veränderung müssen alternative Medien aktiv, als „agierender Faktor" (Weichler 1987: 17) beteiligt sein. Die RezipientInnen sollen dabei nicht nur als passive KonsumentInnen agieren, sondern „zu Aktivitäten angeregt und zu handelnden Subjekten werden" (ebenda: 17 f.).

2.1.6 Johanna Dorer

Johann Dorer unterteilt die Medienlandschaft in drei Sektoren, nämlich den kommerziellen, den nicht-kommerziellen sowie den öffentlich-rechtlichen Sektor (vgl. Dorer 1995: 327). Die zwei zentralen Begriffe für die Abgrenzung dieser Medienmärkte seien die „Konstituierung von Gegenöffentlichkeit" sowie die „Neuen Sozialen Bewegungen" (ebenda: 328). Alternative Medien sind laut Dorer geprägt durch:

1. ihre zugrunde liegende progressiv-subkulturelle Basis- bzw. Protestbewegung, die dem Typus der progressiven Subkultur zuzuordnen ist
2. ihre gesellschaftliche Positionen zwischen Vereinnahmung und Ausgrenzung
3. ihre inhaltliche Positionen, die auf Herstellung von Gegenöffentlichkeit und Gegenmacht zielen
4. den sie charakterisierenden Widerspruch zwischen Identität/Zweck und Ökonomie (ebenda: 330)

2.1.7 Ökonomie

Übernimmt man die Auffassung von Kettler und Dorer, alternative Medien seien zu einem Großteil durch ihren nicht-kommerziellen Charakter geprägt, so ist es von großer Relevanz, einen Blick auf die ökonomische Realität bzw. auf den Anspruch der Medienschaffenden zu werfen. Auf der Hand liegt, dass alternative Medien ebenso Geld benötigen, sei es zum Mieten der Redaktionsräumlichkeiten oder zur Herstellung des Mediums (Papierkosten, Vervielfältigung etc.). Während bürgerliche Medien sich größtenteils durch klassische Einnahmequellen wie „Vertriebserlösen, Anzeigen und mit oftmals nicht zu vernachlässigenden Subventionen" (Ladstätter 1999: 43) finanzieren bzw. einen Gewinn für den/die KapitalgeberIn abwerfen, müssen sich alternative Medien oftmals an anderen Finanzierungskonzepten orientieren.

Auch wenn nicht-kommerzielle Medien Inserate mittlerweile durchaus gutheißen und versuchen, durch Inseratenakquirierung an Geld zu kommen, so sind diese Möglichkeiten beschränkt. Kettler meint, dass „die redaktionellen Inhalte (...) mit vielen möglichen Werbebotschaften in einem konfiktären Verhältnis (stehen)" (Kettler 1997: 49) und dass die LeserInnenschaft von alternativen Medien nicht das kaufkräftigste bzw. kaufwilligste Klientel sei (vgl. ebenda). Ein weiteres Problem bei der Akquirierung von Anzeigen sei laut Ladstätter die Tatsache, dass „Inserate aus einem ähnlichen Umfeld stammen und meist auf Gegenseitigkeit vergeben werden, um das andere Medium bekannter zu machen" (Ladstätter 1999: 44).

Durch Inserate kann für alternative Medien also niemals genug verdient werden, um alle Kosten zu decken. Welche Möglichkeiten bleiben also noch? Zum einen gäbe es die Möglichkeit der staatlichen Subventionen, die jedoch von vielen alternativen MedienmacherInnen prinzipiell abgelehnt werden. Außerdem sind staatliche Förderungen für alternative Medien ohnehin äußerst begrenzt bzw. gar nicht vorhanden: „Das mit ‚öffentlich' umschriebene Interesse von Staat und Kapital an mitunter systemdestabilisierender Publizistik kann als gering bis nicht-existent eingestuft werden" (Kettler 1997: 53).

Ein nicht zu vernachlässigender Faktor ist die Arbeitskraft. Viele Alternativmedien wären ohne Gratisarbeit bzw. Selbstausbeutung nicht überlebensfähig. Dies führt allerdings dazu, dass die MitarbeiterInnen von alternativen Medien „ihren Lebensunterhalt durch bezahlte Tätigkeiten neben der Zeitungsarbeit bestreiten (müssen)" (ebenda: 54).

Auch Dorer spricht von der „Aufhebung der Trennung zwischen Politik und Alltagspraxis, auch um den Preis der ‚Selbstausbeutung'" (Dorer 1995: 328). Auf all diese Faktoren der Ökonomie von alternativen Medien soll im empirischen Teil näher eingegangen werden.

2.1.8 Kritik der alternativen Medien

Kritik am Begriff der „alternativen Medien" übt die autonome a.f.r.i.k.a.-gruppe, eine linke Gruppierung aus Deutschland, die sich mit kommunikationstheoretischen Überlegungen beschäftigt, vor allem mit dem Konzept der Kommunikationsguerilla. Sie schlägt eine Unterteilung in „alternative" und „eigene" bzw. „autonome" Medien vor, wobei aus dem Text klar hervorgeht, dass die Gruppe letztere für geeigneter hält, subversive bzw. gesellschaftsverändernde Inhalte zu vermitteln (vgl. autonome a.f.r.i.k.a.-gruppe 2001: 187).

Der Hauptkritikpunkt an den alternativen Medien ist die Tatsache, dass sich diese an den bürgerlichen Medien orientieren und „sie beständig eine inhaltlich korrigierende und das bestehende Informationsspektrum ergänzende Aufgabe wahrnehmen" (ebenda: 187 f.). Es wird konstatiert, dass dies in den 1970er- und 1980er-Jahren nicht in diesem Ausmaß der Fall gewesen sei und es damals durchaus gelungen sei, eine Art von Gegenöffentlichkeit herzustellen. Allerdings sei diese Tatsache auch dadurch bedingt, dass die sozialen Bewegungen dieser Zeit um einiges stärker waren als die der 1990er-Jahre. Heutzutage werden laut den AutorInnen nur mehr Themen aufgegriffen, die auch in den bürgerlichen Medien behandelt werden; diese werden „nur" kommentiert. Ziel müsste es sein, eigene Themen und Codes zu etablieren, sowie Diskussionen zu diesen Themen zu entfachen (vgl. ebenda: 188).

Diese Aufgabe fällt mittlerweile den eigenen oder autonomen Medien zu, zu denen Szene-Publikationen oder Fanzines gerechnet werden: „‚Eigene' Medien sind Orientierungspunkte für die soziale Praxis linker Szenen und Subkulturen; sie bieten Foren für spezifisch linke Diskussionen und stabilisieren unter Umständen soziale Identitäten" (ebenda). Die Gruppe greift die Argumentation von Kluge/Negt auf, dass Information ohne an sie gekoppelte soziale Praxis wertlos sei.

Anzumerken bleibt, dass eigene bzw. autonome Medien, wie sie oben beschrieben wurden, nur einen sehr kleinen Teil der Bevölkerung ansprechen. Dies wird von der autonomen a.f.r.i.k.a.-gruppe aber nicht ausschließlich negativ gewertet: „Zwar bewegen sie (die eigenen Medien) sich in einem durch Slang und Gangart ihrer subkulturellen Basis eng begrenzten Raum, doch gerade dies ermöglicht einen relativ dichten Austausch zwischen Publikum und MacherInnen" (ebenda). Zusammenfassend kann gesagt werden, dass eigene Medien nach dieser Definition eine eher szenestabilisierende Wirkung haben als dass sie daran interessiert sind, außerhalb der eigenen Szene wahrgenommen zu werden: „Der Binnendiskurs ist also von weitaus höherem Interesse als die Korrektivfunktion zu den bürgerlichen Medien" (Weber 2005: 41).

2.2 Neue Soziale Bewegungen

> „Eine soziale Bewegung ist ein auf gewisse Dauer gestelltes und durch kollektive Identität abgestütztes Handlungssystem mobilisierter Netzwerke von Gruppen und Organisationen, welche sozialen Wandel mit Mitteln des Protests - notfalls bis hin zur Gewaltanwendung - herbeiführen, verhindern oder rückgängig machen wollen" (Rucht 1994, S. 77).

Der Begriff der alternativen Medien taucht erstmals in den 1970er-Jahren auf, und ist eng an das Aufkommen der so genannten „Neuen Sozialen Bewegungen" gekoppelt: „Die Entstehung der ‚Neuen Sozialen Bewegungen' nach den Studentenrevolten 1968 war Ausdruck der Forderung der BürgerInnen nach Beteiligung an gesellschaftlichen Entscheidungsprozessen"(Weber 2005: 24). In Deutschland kann der Beginn dieser neuen Bewegungen also im Jahre 1968 datiert werden, in Österreich wiederum verhält sich dies ein wenig anders. Hier kann als konstituierender Moment die Ermordung des Antifaschisten und ehemaligen KZ-Häftlings Ernst Kirchweger im Jahre 1965 genannt werden. Dieser kam im Zuge von Demonstrationen gegen den antisemitischen Professor der Wirtschaftsuniversität und ehemaligen NSDAP-Mitglied Tarasz Borodajkewycz ums Leben (vgl. Ladstätter 1999: 19). Mitte der 1970er Jahre gab es dann erste konkrete Anzeichen für ein Entstehen neuer kritischer Bewegungen. „Die Anti-Zwentendorf-Bewegung stellte Mitte der Siebziger Jahre die größte Bewegung Österreichs dar" (Weber 2005: 25). Doch auch in anderen Bereichen begannen sich neue Jugendkulturen und alternative Bewegungen zu formieren. Als Beispiele hierfür seien die Arenabesetzung, die Frauenbewegung bzw. die autonome Szene genannt (vgl. Ladstätter 1999: 20ff). Es muss jedoch konstatiert werden, dass diese alternativen Bewegungen seit den 1990er-Jahren massiv an Bedeutung verloren haben. Dies ist u.a. mit den gesellschaftlichen Umbrüchen (Aufkommen des Neoliberalismus, Globalisierung der Wirtschaft etc.) zu begründen. Ehemalige VorreiterInnen dieser Bewegungen wie die „Arena" oder das „Flex" „sind Ende der Neunziger-Jahre hauptsächlich Schauplätze von kommerziell verwertbaren ‚Events', die zwar äußerlich das Erscheinungsbild alternativer Umstände tragen, jedoch völlig entpolitisiert sind" (ebenda: 23)

2.3 Kultur

Bevor ich mich mit den verschiedenen Theorien der Subkultur beschäftige, ist es notwendig auf den Begriff der Kultur näher einzugehen. Vorausgeschickt sei, dass es keine allgemeingültige Definition von Kultur gibt. Im Laufe der Jahre haben sich zahlreiche WissenschaftlerInnen mit dem Kulturbegriff auseinander gesetzt, ebenso vielfältig sind die verschiedenen Zugänge zur Thematik. Für meine Forschungsarbeit werde ich mich hauptsächlich auf die Ansätze der Cultural Studies beziehen. Zu Beginn werde ich die 5 Definitionen von Jürgen Kramer beschreiben, die er in seinem Buch „British Cultural Studies" aufgestellt hat. Er bezieht sich in seinen Ausführungen auf den britischen Begriff „culture".

Den frühesten Ursprung von „culture" ortet Kramer im 16. Jahrhundert. Hier wird der Begriff im Zusammenhang mit landwirtschaftlichen Tätigkeiten wie dem Ackerbau erwähnt: „Diese Bedeutung hat sich auch im modernen Sprachgebrauch - etwa in Worten wie *agriculture* und *horticulture* - erhalten" (Kramer 1997: 80). Wenig später kommt die Idee von Kultivierung von Pflanzen und Tieren auf, und weitet sich dann im weiteren Verlauf des Jahrhunderts auf den menschlichen Geist bzw. Verstand aus (vgl. ebenda). Die ersten Vertreter dieser Denkströmungen waren Thomas More, Francis Bacon und Thomas Hobbes. Diese, und andere DenkerInnen der Zeit, formulierten schon bald den Gedanken, dass nur einige wenige Individuen, Gruppen oder Nationen über einen „kultivierten Geist" verfügen. Kultur erhielt also schon relativ früh eine elitäre Konnotation.

Im 18. Jahrhundert wurde der Begriff Kultur streng an die „schönen Künste" gekoppelt, eine Sichtweise, die sich, zumindest zum Teil, bis heute gehalten hat: „Kultur ist Musik, Literatur, Malerei, Bildhauerei, Theater und Film - manchmal werden auch Philosophie, Wissenschaft und Geschichte hinzugenommen" (ebenda: 81). Erst mit dem Aufkommen der ArbeiterInnenklasse im frühen 20. Jahrhundert wurde dieser Zugang ein wenig aufgeweicht, erstmals wurden auch populär-kulturelle Inhalte wie Film, Fernsehen oder Unterhaltungsmusik unter dem Begriff der Kultur zusammengefasst. Diese Spielarten von Kultur sind eng gekoppelt an das Aufkommen der Massenmedien.

Als dritte Bedeutung von Kultur nennt Kramer den allgemeinen sozialen Entwicklungsprozess in Europa während der Aufklärung.

Dieser Blick auf den Begriff war jedoch stark eurozentristisch geprägt, eine erste Kritik an dieser Sichtweise formulierte der Philosoph Johann Gottfried Herder. Er propagierte eine „'Pluralität der Kulturen' - und zwar von unterschiedlichen Kulturen sozialer und ökonomischer Gruppen innerhalb einer Nation und von spezifischen Kulturen verschiedener Nationen" (ebenda: 82). In weiterer Folge führte diese Sichtweise des Kulturbegriffs zur vierten von Kramer beschriebenen Definition, nämlich der anthropologischen (vgl. ebenda). Diese beschreibt Kultur als „unverwechselbare Lebensweisen, gemeinsame Normen, Werte und Bedeutungen, die verschiedene Gruppen - Nationen, Klassen, Subkulturen (wie z.B. in Ausdrücken wie Arbeiterkultur, bürgerliche Kultur) - und historischen Perioden gemeinsam sind" (ebenda).

Als letzte Bedeutung von Kultur, die sich in den letzten Jahren in der Wissenschaft durchgesetzt hat, beschreibt Kramer einen Zugang, der eher auf das Tun einer Kultur abzielt als auf das, was Kultur ist. Kultur wird in dieser Sichtweise eher auf einer symbolischen Ebene bzw. als soziale Handlung interpretiert. Das Hauptaugenmerk hierbei liegt auf der Sprache, welche als die „grundlegende Tätigkeit bei der Produktion von Bedeutung(en)" (ebenda) wahrgenommen wird. Über das Sprechen bzw. Kommunikation im Allgemeinen wird eine gemeinsame Kultur konstituiert und dadurch schafft diese Gruppe einen gemeinsamen Vorrat an Bedeutungen: „Kultur in diesem Sinne wäre die Menge der Zeichenprozesse, durch die Bedeutungen innerhalb einer Gruppe produziert und ausgetauscht werden" (ebenda: 83).

Kramer kommt am Ende seiner Beschreibung der Entwicklung des Kulturbegriffs zum Schluss, dass keine der beschriebenen Definitionen überholt ist und man sie allesamt in unserem heutigem Verständnis bzw. unserem Gebrauch des Begriffs Kultur finden kann (vgl. ebenda).

Die wichtigsten Vertreter der britischen Cultural Studies, die sich mit Kultur bzw. Kulturalismus auseinandergesetzt haben, waren Richard Hoggart („The Uses of Literacy, 1957), Raymond Williams („Culture and Society", 1958) und Edward P. Thompson („The Making of the English Working Class", 1963) (vgl. Parzer 2004: 96). Diese Wissenschaftler beschrieben den Zusammenhang zwischen Kultur und Gesellschaft, mit besonderem Augenmerk auf der ArbeiterInnenklasse. Der elitäre Zugang zu Kultur bzw. die Bewertung der ArbeiterInnenklasse als kulturlos wurden scharf kritisiert (vgl. ebenda). Vor allem Raymond Williams beschäftigte sich intensiv mit diesen Zusammenhängen, er beschreibt Kultur als „Gesamtheit einer Lebensweise" (ebenda). Kultur sei laut Williams loszulösen von den Begriffen der Kunst und der Hochkultur und als „Gesamtheit kultureller Erfahrungen und Praktiken" (ebenda) zu betrachten. Er entwickelt in Folge drei Typen der Definition von Kultur:

- die ideale Bestimmung (Kultur als Zustand menschlicher Perfektion inklusive absoluten und universell gedachten Werten)
- die dokumentarische Bestimmung (Kultur in Form von bestimmten (Kunst-) Werken, in denen sich menschliches Denken und Handeln manifestiert)
- die gesellschaftliche Bestimmung, (...) in der diese als Beschreibung einer bestimmten Lebensweise erscheint, dessen Werte sich nicht nur in Kunst oder Erziehung ausdrücken, sondern auch in Institutionen und im ganz gewöhnlichen Verhalten (vgl. Williams 1983: 45).

2.4 Theorie der Subkultur

Die „Neuen Sozialen Bewegungen" bzw. die „Alternativbewegungen" sind oftmals an den Begriff der Subkultur gekoppelt. Rolf Schwendter definiert Subkultur in seinem Standardwerk „Theorie der Subkultur" aus dem Jahre 1973 folgendermaßen:

> „Somit ist Subkultur ein Teil einer konkreten Gesellschaft, der sich in seinen Institutionen, Bräuchen, Werkzeugen, Normen, Wertordnungssystemen, Präferenzen, Bedürfnissen usw. in einem wesentlichen Ausmaß von den herrschenden Institutionen etc. der jeweiligen Gesamtgesellschaft unterscheidet" (Schwendter 1973: 11).

Schwendter unterscheidet weiters zwischen progressiven und regressiven Subkulturen. Das Ziel der progressiven Subkulturen sei es, die Gesellschaft in eine neue Richtung hin zu verändern, alte Werte aufzuheben, „einen grundsätzlich neuen Zustand zu erarbeiten" (ebenda: 37). Regressive Subkulturen, auf der anderen Seite, wollen hingegen einen Gesellschaftszustand wiederherstellen, den es in der Vergangenheit bereits gegeben hat und welcher schon längst überwunden scheint. Als gutes Beispiel hierfür würde ich neonazistische bzw. rechtsradikale Bewegungen nennen.

Eine weitere Unterscheidung, die Schwendter tätigt, ist jene zwischen freiwilligen und unfreiwilligen Subkulturen. Letztere definiert er als „Stigmatisierte, deren Stigma vorneweg von den Normen der Gesamtgesellschaft abweicht, und die eventuell erst dadurch sich ihrerseits von der Kultur der Gesamtgesellschaft distanzieren" (ebenda: 41). Als Beispiel für solche unfreiwilligen Subkulturen nennt Schwendter unter anderem Obdachlose, Körperbehinderte oder Kriminelle. Diese Arten der Subkultur befänden sich näher an den Werten der Gesamtgesellschaft, während freiwillige Subkulturen, die ihr „Stigma" als bewusste Abweichung von der Majorität in Kauf nehmen, tendenziell eher den progressiven Subkulturen zuzuordnen seien.

Schwendter verwendete später den Begriff der progressiven Subkultur synonym mit dem der „Alternativbewegungen", die beiden Begriffe können also als weitestgehend gleichbedeutend angesehen werden (vgl. Schwendter 1992: 15). Weiters konstatiert Schwendter eine gewisse Heterogenität in den verschiedenen Alternativbewegungen: „Im allgemeinen gibt es alternative Bewegungen, die sich häufig hinsichtlich bestimmter Normen etc. voneinander nicht weniger unterscheiden als von der Gesamtgesellschaft" (ebenda: 16). Als Beispiel für diese These nennt er die Ökologisten (sic) und die feministische Bewegung.

2.5 Cultural Studies

Abgesehen von den Überlegungen zur Subkultur im deutschsprachigem Raum, ist vor allem eine Herangehensweise zur Thematik von zentraler Bedeutung: die der Cultural Studies. Zu Beginn dieses Kapitels möchte ich einen Überblick über die Geschichte bzw. die Entstehung der Cultural Studies geben, danach werde ich mich näher mit den Theorien zur Subkultur des Centre for Contemporary Cultural Studies aus Birmingham beschäftigen.

2.5.1 Geschichte der Cultural Studies

Wie schon in Kapitel 2.3 erwähnt, gab es im England des 19. Jahrhunderts eine äußerst elitäre Auffassung des Begriffs Kultur:

> „Der bis dahin im kulturwissenschaftlichen Diskurs dominierenden Kunstauffassungen lag die Annahme zugrunde, dass Kultur die Sache einer moralisch überlegenen Minderheit sei und vor einem zunehmenden Verfall durch die Massenkultur bewahrt werden müsse" (Parzer 2004: 96).

Hauptprotagonisten dieses Ansatzes waren die Romantiker Matthew Arnold, D.H. Lawrence und T.S. Eliot. Hauptaugenmerk richteten diese dabei auf die „Literaturkritik als Kulturkritik" (Kramer 1997: 34). Dies erscheint durchaus logisch, bedenkt man, dass in den frühen Nationalstaaten (sowohl in England als auch im deutschsprachigen Raum) Sprache und Literatur als „erste Vermittlungsinstanzen einer Nationalkultur" (Lutter/Reisenleitner 1998: 18) angesehen wurden. Als Hauptinstrument dieser Vermittlung dienten dabei die „English Studies", vergleichbar mit deutschsprachigen

Literatur-Studien. Massenkultur bzw. der amerikanische Einfluss auf die britische Kultur nach dem ersten Weltkrieg wurden als massive Bedrohung wahrgenommen:

> „Es galt für die Literaturkritik, dem unter dem Einfluß der (amerikanischen) Massenmedien Film, Fernsehen, Radio, Trivialliteratur und Boulevardpresse sich abzeichnenden Kulturverfall, gekennzeichnet durch Kommerzialisierung, Nivellierung und Standardisierung entgegenzusteuern" (ebenda: 21).

Als einer der ersten beschäftigte sich Q.D. Leavis mit den Populärkulturen, und schaffte so ungewollt den Grundstein für die späteren Cultural Studies. Auch er war ein Bewahrer der Moral und setzte die Thesen von Matthew Arnold auf die 30er-Jahre des 20. Jahrhunderts um.

Der schon erwähnte Richard Hoggart verfasste einen der ersten Texte, die den Cultural Studies zuzurechnen sind, „The Uses of Literacy". Aus einer Arbeiterfamilie stammend und von marxistischen Theorien beeinflusst übte er massive Kritik am bis dahin vorherrschenden Kulturverständnis. In seinem Text beschreibt er Formen von ArbeiterInnen-Kultur in England und versuchte Alltag als kulturelle Kategorie der ArbeiterInnenkultur wahrzunehmen (vgl. ebenda: 24). Dieser Text, sowie „Culture and Society" von Raymond Williams und „The Making of the English Working Class" von E.P. Thomas gelten als die wichtigsten Schriften der Cultural Studies und führten zur Gründung des CCCS im Jahre 1964.

2.5.2 Centre For Contemporary Cultural Studies (CCCS)

Die WissenschaftlerInnen des CCCS gingen davon aus, dass „eine Gesellschaft keine homogene Masse ist, sondern sich anhand vieler Variablen teilen lässt - ethnischen, ökonomischen, regionalen oder religiösen. Daraus lassen sich dann die verschiedenen Subkulturen konstruieren" (Lauth 2002: 24).

Befassten sich frühe Ansätze der Subkulturforschung hauptsächlich mit auffälligen oder kriminellen Jugendlichen, so brachte das CCCS neue Kategorien in den Diskurs ein, allen voran die Klassenzugehörigkeit und den Stil. Subkulturen sind zwar im Allgemeinen nicht vom Alter abhängig, dennoch rebellieren viele Subkulturen gegen die jeweilige Elterngeneration.

Auf einer praktischen Ebene war das CCCS vom Aufkommen der neuen Linken in England beeinflusst, auf einer theoretischen Ebene von marxistischen Theorien. Man orientierte sich an Texten von

Gramsci, Althusser oder Levi-Strauss. Wichtige Begriffe hierbei sind Ideologie, Hegemonie und Widerstand.

2.5.3 Ideologie, Hegemonie und Widerstand

Das marxsche Verständnis von Ideologie wurde durch die Überlegungen von Louis Althusser erweitert: „Ideologie wird nicht mehr als verfälschtes Bewusstsein aufgefasst, das einfach die politischen und ökonomischen Interessen der herrschenden Klasse verschleiert, sondern als ‚Art und Weise, durch die das Individuum seine oder ihre Rolle in der gesellschaftlichen Totalität aktiv lebt'" (Lutter/Reisenleitner 1998: 69). Der wichtigste Theoretiker zu Althussers Ideologie-Überlegungen war Stuart Hall. In seinem Text „Encoding and Decoding in Television Discourse" untersuchte er Massenmedien hinsichtlich ihrer ideologischen Wirkung.

Neben der Ideologie ist vor allem der Hegemonie-Begriff von Antonio Gramsci von zentraler Bedeutung für die Überlegungen zu Subkultur der Cultural Studies. Hegemonie wird hierbei begriffen als „komplexer Zustand von sozialer Autorität, den ein ‚historischer Block' durch eine Verbindung von Zwang und Zustimmung erringt. Dabei werden keine direkten Repressionen ausgeübt, sondern versucht, Zustimmung durch den Einbezug untergeordneter Interessen zu gewinnen" (Hepp 1999: 275). Gramsci unterteilt die Hegemonie weiters in eine proletarische sowie eine bürgerliche. Die proletarische Hegemonie sollte die bürgerliche herausfordern und Widerstand gegenüber den gegebenen Machtverhältnissen ausüben (vgl. Hoffer 2006: 20). Der Begriff des Widerstandes war für die VertreterInnen der Cultural Studies enorm wichtig. Als wichtigste AkteurInnen dieses Widerstandes wurden hierbei die jugendlichen Subkulturen angesehen (vgl. ebenda).

Prinzipiell sah das CCCS zwei unterschiedliche Arten von Stammkultur: die bürgerliche und die proletarische. Die Subkulturen, die sich innerhalb der proletarischen Stammkultur als Subsystem bildeten, müssen sich mit zwei verschiedenen Stammkulturen auseinandersetzen: „Jugendliche Subkulturen stehen also einerseits im Verhältnis zu ihrer Stammkultur (klassenspezifische Herkunftskultur), andererseits im Verhältnis zur dominanten Kultur" (Weber 2005: 15).

2.5.4 Stil, Bricolage und Homologie

Als wichtigstes Instrument des Widerstands der Subkulturen sowohl gegenüber ihrer proletarischen Herkunftskultur als auch der dominanten Stammkultur wird vom CCCS der Stil angesehen. Der

Begriff des Stils bzw. der Stilisierung orientiert sich an den Konzepten der Bricolage bzw. der Homologie, die der französische Ethnologe und Anthropologe Claude Lévi-Strauss entwickelt hat (vgl. Hoffer 2006: 21). Für die Cultural Studies adaptierte Dick Hebidge in seinem Werk „The Meaning of Style" aus dem Jahre 1977 diese Überlegungen.

Unter Stil verstehen die Cultural Studies mehrere Aspekte, wie z.B. Kleidung, Tänze, Jargon, Musik etc. (vgl. Hebidge 1998: 392). „Die einzelnen Elemente eines bestimmten Stils (...) sind nicht zufällig, sie sind den Werten der jeweiligen subkulturellen/stilbildenden Gruppe homolog, sie sind letztendlich das nach außen getragene Selbstbild der Gruppenmitglieder" (ebenda). Mitglieder von Subkulturen wählen ihren Stil, im Unterschied zur Mehrheitsgesellschaft, absichtlich - sie nutzen ihn, um ihr Anders-Sein nach außen hin zu kommunizieren. Objekte der Alltagskultur werden rekontextualisiert, das heißt die Bedeutung der Zeichen und Symbole des jeweiligen Stils werden neu geordnet (vgl. Hoffer 2006: 21). „Im Grunde ist es also die Art und Weise, wie die Subkulturen Waren benutzen, durch die sie sich von den orthodoxen Kulturformen absetzen" (Hebidge 1998: 395). Dieser Prozess der Neudeutung von Zeichen und Symbolen wird Bricolage genannt. Das Konzept der Bricolage ist laut Hebdidge bei der Subkultur der Punks am stärksten vertreten, „weil die einzelnen Stilelemente von scheinbar unvereinbaren Realitäten entnommen sind und zu einem neuen Ganzen wieder zusammengefügt werden" (Mück 1994: 24). Punks benutzten Alltagsgegenstände wie Sicherheitsnadeln oder Rasierklingen und stellten daraus Schmuck und Kleidungsstücke her, durch die sie sich massiv von der Mehrheitsgesellschaft abgrenzten. Wichtig war ihnen auch, durch ihren Stil zu provozieren: „Die Punk-Subkultur signalisierte also Chaos auf jeder Ebene" (Hebidge 1998: 405).

Ein weiterer zentraler Begriff der Subkulturforschung der Cultural Studies ist der der Homologie, welcher ebenfalls an Überlegungen von Lévi-Strauss angelehnt ist. Hepp definiert Homologie als die „Entsprechung spezifischer Gegenstände oder Praktiken einer sozialen Gruppe in ihrer Struktur und dem Gehalt ihrer Struktur" (Hepp 1999: 275). Gemeint ist das Verhältnis verschiedener Ausprägungsformen eines gewissen Stils und den Wertvorstellungen und Interessen der Gruppe (vgl. Parzer 2004: 107). Die verwendeten Symbole oder Objekte müssen zu diesen Werten passen: „Die Selektion der Objekte, durch die der Stil geschaffen wird, richtet sich also nach den Homologien zwischen dem Selbstbewusstsein der Gruppe und den möglichen Bedeutungen der vorhandenen Objekte (Clark 1998:

379). Dick Hebidge schreibt, dass das Konzept der Homologie bei den Punks sehr deutlich ausgeprägt war:

> „Die Subkultur war alles andere als uneinheitlich. Homologe Beziehungen gab es sowohl zwischen den billigen Cut-Up-Klamotten und den Stachelhaaren wie zwischen Pogo und Speed-Tabletten, Rotzen, Kotzen, Aufmachung der Fanzines, den Revoluzzerposen und der seelenlosen, fieberhaft peitschenden Musik" (Hebidge 1998: 407).

Der Begriff der Homologie wurde zum ersten Mal in Bezug auf Subkulturen von Paul Willis in seiner Studie „Profane Culture" verwendet. Hier untersuchte er die unterschiedlichen Stilelemente in den Subkulturen der Motorrad-Gangs und der Hippies (vgl. ebenda: 405).

2.5.5 Kritik an den Cultural Studies

Es gab und gibt immer wieder Kritik an der Subkultur-Forschung des CCCS. Einer der wesentlichsten Punkte hierbei war die Fokussierung auf die Kategorie „Klasse", die vor allem in den frühen Studien der Cultural Studies zu beobachten ist. Durch diese Vorgehensweise, geprägt durch die marxistischen Theorien der britischen „New Left", wurden andere Variablen wie „race"[2] oder „Geschlecht" ausgeblendet. Vor allem feministische Forscherinnen übten Kritik an dieser Herangehensweise, allen voran die „Women Studies Group" des CCCS in einer ersten Aufsatzsammlung aus dem Jahre 1978 (vgl. Lutter/Reisenleitner 1998: 109):

> „Für die frühen feministischen Cultural Studies war die Kategorie ‚Klasse' zwar ebenfalls zentral, allerdings lag der Schwerpunkt auf Fragen der Wechselwirkungen von Strukturen und Beziehungen zwischen sozialen Klassen und Geschlechterverhältnissen und -hierarchien" (ebenda).

Speziell in den US-amerikanischen Cultural Studies, die in den 1980er- und 1990er-Jahren einen massiven Boom erlebten, waren Überlegungen zu Geschlecht oder „race" von großer Bedeutung und es wurden etliche Werke zu diesen Thematiken verfasst (vgl. ebenda 119 ff.).

Ein weiterer Anlass zur Kritik war die Romantisierung von Subkulturen. In den frühen Werken des CCCS wurden die jugendlichen Subkulturen bzw. deren Auflehnung gegen eine repressive Hegemonie ausschließlich positiv interpretiert. Kritik an dieser Auffas-

---

2 Ich verwende an dieser Stelle den englischen Begriff „race", da sich in der wissenschaftlichen Literatur die Meinung durchgesetzt hat, dass der deutsche Begriff „Rasse" ungeeignet ist.

sung übte unter anderem Sarah Thornton in ihrem Buch: „Club Cultures: Music, Media and Subcultural Capital“ aus dem Jahre 1995 (vgl. Parzer 2004: 108).

Außerdem warf man den Cultural Studies vor, sich nur auf die „spektakulären“ Subkulturen wie Punks, Mods oder Skinheads zu konzentrieren und dadurch den Großteil der Jugendkulturen zu vernachlässigen (vgl. Hoffer 2006: 22). Ebenso problematisch erscheint die Unterteilung in „Subkultur“ und „Mainstream[3]“, da es hierbei, wie auch im empirischen Teil beschrieben, eine große Grauzone gibt und z.B. Punk sich schon relativ bald nach seiner Entstehung zu einem Mainstream-Genre entwickelte (vgl. Parzer 2004: 108 f.).

2.6 Subkulturelle Medien

Fasst man die oben beschriebenen Ansätze zusammen, so kann man zu folgenden zentralen Merkmalen von subkulturellen Medien kommen. Diese orientieren sich an den Theorieansätzen zu alternativen Medien bzw. Subkultur.

Subkulturelle Medien bearbeiten ein Feld, welches von den Massenmedien ausgeblendet wird. Dabei ist das spezifische Thema des jeweiligen Mediums relativ irrelevant, es muss sich „nur“ in seiner Grundausrichtung (laut Schwendter seinen Institutionen, Bräuchen, Werkzeugen, Normen, Wertordnungssystemen, Präferenzen, Bedürfnissen etc.) von der Gesamtgesellschaft abheben bzw. unterscheiden. Die wirtschaftliche Ausrichtung subkultureller Medien ist prinzipiell non-kommerziell, die Prinzipien der Kostendeckung und der Selbstausbeutung sind zentral. Es herrscht Vorsicht gegenüber Anzeigeneinnahmen und öffentlichen Subventionen (vgl. Weber 2005: 40). Weitere inhaltliche Merkmale von subkulturellen Medien sind:

- Herstellung von Gegenöffentlichkeit
- Wahrung von Authentizität
- Autonomie der Berichterstattung
- Themenschwerpunkte

3 Eine passende Definition von Mainstream liefern Tom Holert und Mark Terkessidis in ihrem Aufsatz „Mainstream der Minderheiten“: „Unter Mainstream verstand man im Feld der Kultur gemeinhin eine normalisierende, tendenziell monokulturelle Form der Warenproduktuktion“ (Holert/Terkessidis 1998: 316).

- Vermeidung konventioneller sprachlicher und grafischer Normen (vgl. ebenda)

Im empirischen Teil soll auf diese Beschreibung von subkulturellen Medien näher eingegangen werden, es soll geklärt werden, ob sich das Selbstverständnis der MedienmacherInnen mit den oben angeführten Punkten deckt.

2.7 Musikjournalismus

2.7.1 Theoretische Grundlagen

Um die theoretischen Grundlagen für meine Arbeit zu erweitern, möchte ich mich nun auf den Musikjournalismus konzentrieren, da dies mein Untersuchungsgegenstand sein wird. Rumpf definiert Musikjournalismus als den „journalistisch fundierten, sympathisierend-kritischen Umgang mit populärer Musik und ihren kulturellen und ästhetischen Entstehungsbedingungen" (Rumpf 2004: 15).

Die theoretische Auseinandersetzung mit Musikjournalismus ist im deutschsprachigen Raum eher spärlich, der Diskurs wird eher in den anglo-amerikanischen Ländern geführt.

Corrina Bauer beschreibt in ihrer Diplomarbeit über den britischen Musikjournalismus im Wesentlichen zwei Theorieansätze, die sich an bestehenden Theorien zu Journalismus im Allgemeinen orientieren (vgl. Bauer 2008: 14). Zum einen die Theorie des/der Musikjournalisten/In als Gatekeeper, und zum anderen als kulturelle/r VermittlerIn.

In der Gatekeeper-Theorie, welche in der Kommunikationswissenschaft erstmals 1947 von David Manning White formuliert wurde, geht es im Wesentlichen um die Selektion der Informationen, die an den/die Rezipienten/In weitergegeben werden. Der/die JournalistIn hält gewisse Informationen zurück und beeinflusst somit den Informationsfluss. Eine ganze Reihe von Faktoren beeinflussen dieses Verhalten, sei es nun persönliche, subjektive Einstellungen (vgl. Burkart 2002: 276) oder die Stellung des/der Journalisten/In in der jeweiligen Redaktion. Auch im Bereich des Musikjournalismus lässt sich diese Theorie in manchen Bereichen umlegen, z.B. welche Musikstile oder Bands in Musik-Medien thematisiert werden. Bauer meint allerdings, dass „das Modell des Gatekeepers (...) besser im Bereich der Musikindustrie und im speziellen für die Praxis von Plattenfirmen (funktioniert), da deren Pressebüros den Kontakt zwischen Musikern und Musikjournalisten immer mehr kontrollieren" (Bauer 2008: 20). Diese Meinung teile ich durchaus, und bin der

Ansicht, dass sich die Theorie des Gatekeepers für meinen Forschungsgegenstand, nämlich eine subkulturelle Presse, nur äußerst bedingt eignet.

Die Theorie des/der Musikjournalisten/In als kultureller/e Vermittler/In baut auf der Idee der Gatekeeper-Theorie auf. Sie bezieht sich im Wesentlichen auf ein Konzept von Pierre Bourdieu aus den späten 1970er-Jahren und besagt, dass MusikjournalistInnen oftmals durch gewisse Rhetorik die Hörgewohnheiten ihrer LeserInnen zu beeinflussen versuchen (vgl. ebenda: 23).

2.7.2 Populärer Journalismus

Ein interessantes Konzept beschreibt der Kommunikationswissenschaftler Rudi Renger, er untersucht in seinem gleichnamigen Buch den „populären Journalismus". Hierbei meint er Journalismus, der sich mit Populärkultur beschäftigt. Zu den Quellen der Populärkultur zählt Renger Fernsehen, Tonträger, Videos, Spiele, Kleidung, Sprache, Film und Printmedien (vgl. Renger 2000: 20). Er bezieht sich in seinen Ausführungen hauptsächlich auf prominente VertreterInnen der Cultural Studies, wie z.B. Stuart Hall. Die drei wesentlichen Bezugspunkte des populären Journalismus sind Journalismus, Unterhaltung und Populärkultur (vgl. ebenda: 174). Ausgehend von den Überlegungen der Cultural Studies definiert Renger Journalismus als „Leistung von textueller Bedeutungsproduktion sowie als öffentliche Orientierung und soziale Konstruktion von Wirklichkeit" (Renger et. al: 2001: 79). Historisch sieht Renger die Wurzeln des populären Journalismus im Aufkommen der Massenpresse ab 1830 sowie in den frühen Boulevardmedien (vgl. ebenda).

2.7.3 Geschichte des Musikjournalismus

Im folgendem möchte ich einen kurzen Überblick auf die Entstehung der uns heute vertrauten Musikpresse liefern. Dies kann naturgemäß keine detaillierte Beschreibung der einzelnen Entwicklungsschritte sein, sondern soll im Kurzen vermitteln, auf welche Quellen sich viele der heutigen Musikmagazine beziehen. Corrina Bauer hat in ihrer Diplomarbeit einen guten Überblick auf die Geschichte des Musikjournalismus gegeben.

2.7.4 Der anglo-amerikanische Raum

Die ersten Musikmagazine, die sich mit populärer Musik beschäftigten, entstanden im anglo-amerikanischen Raum. Eines der ersten Magazine ist wohl der britische „Melody Maker", der im Jahre 1926 gegründet wurde (vgl. Bauer 2008: 30). Eine Reihe anderer Hefte wie „Tempo“ oder der „New Musical Express“ entstanden in den nächsten Jahren. In den USA verlief die Entwicklung ein wenig anders, da die Musiklandschaft vollkommen unterschiedlich war, und auch durch die Rassentrennung differenzierter war. Die erste erwähnenswerte Publikation erschien 1943 unter dem Namen „Hit Parader“ (vgl. ebenda: 40). Die avancierte Musikpresse entwickelte sich jedoch erst in den 1960er-Jahren, als sich etliche Magazine mit Rockmusik und ihrer Herkunft beschäftigten. Als bekanntestes Beispiel ist wohl der „Rolling Stone“ zu nennen, der 1967 zum ersten Mal erschien (vgl. ebenda: 42). Der „Rolling Stone“ hatte großem Einfluss auf den britischen Musikjournalismus, obwohl die ersten Versuche, das Heft in Großbritannien zu etablieren, scheiterten. „‚Rolling Stone‘ ist bis heute das einflussreichste Musikmagazin auf dem amerikanischen Markt“ (ebenda: 43)

Das „goldene Zeitalter“ des britischen Musikjournalismus fällt in die Jahre 1973/74. In diesen Jahren waren englische Musikmagazine äußerst populär, „die Journalisten der großen britischen Musikmagazine (wurden) von ihren Lesern verehrt und aus demselben Grund von Plattenfirmen mit Geschenken überhäuft“ (ebenda: 49). Diese Phase war allerdings mit einem ausufernden Lebensstil verbunden und dauerte nicht allzu lange an. Schließlich tauchten Ende der 1970er-Jahre neue popkulturelle Phänomene wie Disco oder Punk auf, die großen Einfluss auf den Musikjournalismus haben sollten. Zu dieser Zeit erlebte der britische Musikjournalismus einen Boom, der in den 1980er- und 1990er-Jahren einen massiven Einbruch erleben sollte. In diesen Jahren gingen die Verkaufszahlen der Musikmagazine stark zurück und konnten niemals wieder an die Erfolge der 1970er-Jahre anknüpfen.

2.7.5 Die Entwicklung in Deutschland

Wirft man einen Blick auf die historische Entwicklung der Musikpresse in Deutschland, so muss „zwischen einem populären Umgang mit Popmusik und ihren Stars, wie ihn die Jugendzeitschrift ‚Bravo‘ gepflegt hat und einem avancierten Musikjournalismus, wie er vor allem in Zeitschriften wie ‚Sounds‘ und ‚Spex‘ zu finden ist, unterschieden werden.“ (ebenda: 98). Wolfgang Rumpf definiert Pop-Musik als „den um 1955 entstandenen Stil populärer Musik, der auf harmonischen und rhythmischen Strukturen von amerikanischem Rhytm'nBlues und europäischem Lied/Schlager aufbaute“ (Rumpf 2004: 14) und liefert hiermit eine Datierung der Entstehung von Popmusik. In diese Zeit fällt auch die Gründung des ersten popkulturellen Printmediums, der „Bravo“, welche erstmals am 26. August 1956 erschien (vgl. Bauer 2008: 101). Für lange Zeit blieb

„Bravo" das einzige deutschsprachige Musikmagazin, in Periodika wie dem „Spiegel" wurde allerdings regelmäßig über popkulturelle Phänomene berichtet (vgl. ebenda: 104).

Im Jahre 1966 erschien schließlich das Magazin „Sounds" zum ersten Mal, beschäftigte sich allerdings zu Beginn ausschließlich mit Jazz. Erst als der Journalist Diedrich Diederichsem im Jahre 1979 neuer Chefredakteur wurde, änderte sich die Berichterstattung hin zu einem davor nicht gekannten avanciertem Musikjournalismus. Diese Art des populären Musikjournalismus erlebte Mitte der 1980er-Jahre seinen Höhepunkt, obwohl das „Sounds" 1983 eingestellt wird. Dessen Nachfolge übernahm die 1980 gegründete Zeitschrift „Spex", die bis heute als Vorreiterin eines intellektuellen Umgangs mit popkulturellen Inhalten gilt (vgl. ebenda: 110ff.)

2.8 Fanzines

Natalia Wächter liefert in ihrer Diplomarbeit eine gute Definition von Musik-Fanzines, wenn sie schreibt:

> „Fanzines sind (...) szene-interne Zeitschriften, die Bandinterviews, Konzertberichte, Berichte über andere regionale Punkszenen, Comics, politische Abhandlungen und Meinungen und Kritiken über Punkplatten, -kassetten, andere Fanzines, Bücher und Comics beinhalten" (Wächter 1995: 72).

Der Begriff Fanzine kommt von Fan, und beschreibt ein Magazin, welches von Fans für Fans produziert wird.

Fanzines wenden sich meistens nur an eine bestimmte Szene, die HerausgeberInnen haben in der Regel nicht die Absicht, eine darüber hinaus gehende Zielgruppe zu erreichen. Beim Fanzine handelt es sich um den Prototyp des subkulturellen Printmediums, es orientiert sich an dem schon beschriebenen DIY-Konzept, ist also in der Regel nicht Profit-orientiert:

> „Aus wirtschaftlicher Sicht ist ein Fanzine ein unvernünftiges Projekt, da es viel Zeit in Anspruch nehmen kann und in den seltensten Fällen einen nennenswerten Gewinn erwirtschaftet. Die Preise der Fanzines sind meistens so knapp kalkuliert, dass die Fanzine-Macher (wenn überhaupt) gerade ihre Materialkosten decken können" (Calmbach 2007: 113).

Das Layout ist meistens relativ simpel gestaltet (konventionelle sprachliche und graphische Normen werden vermieden, vgl. Anhang), die Auflage variiert zwar von Heft zu Heft, siedelt sich aber in eher niederen Gefilden an. Oftmals gibt es keine regelmäßigen Erscheinungsintervalle, sondern das Heft erscheint, sobald die HerausgeberInnen genügend Material für eine Ausgabe zusammengetragen haben (vgl. Weber 2005: 73).

Fanzines können nicht im regulären Zeitungshandel erworben werden, sie werden bei Konzerten bzw. Szene-Veranstaltungen verkauft, sowie in Plattengeschäften oder über Mailorder[4].

Eine weitere Eigenheit von Fanzines ist die relative Kurzlebigkeit von Publikationen dieser Art. Selten erscheinen Fanzines über einen längeren Zeitraum als einige wenige Jahre, in der Regel verschwinden sie nach wenigen Ausgaben wieder vom Markt. Drobil sieht die Schuld an diesem Phänomen sowohl bei den HerausgeberInnen von Fanzines als auch bei der LeserInnenschaft:

> „Nicht nur die Alternativmedien sind aufgrund verschiedener inhaltlicher und gestalterischer Mängel mitschuld an einer fehlenden Akzeptanz innerhalb der Subkultur (...), sondern auch die Leserschaft trägt durch steigende Bequemlichkeit und (unbegründetem, ?) Desinteresse zum schlechten ökonomischen Zustand alternativer Publikationen bei" (Drobil 1993: 92).

2.8.1 Arten von Fanzines

Fanzines beschränken sich nicht nur auf den Bereich der Musik, es gibt die unterschiedlichsten Formen von Fanzines, z.B.:

- Fußball-Fanzines

werden meistens von AnhängerInnen eines gewissen Fußball-Vereins veröffentlicht, und beschäftigen sich mit Themen, die für den jeweiligen Fan von Relevanz sind. Meistens werden Fußball-Fanzines von „kritischen" Fans herausgebracht, die negative Aspekte des modernen Fußballs wie z.B. die aufkommende Kommerzialisierung anprangern. Ihre Wurzeln hat das Fußball-Fanzine in England der frühen 1980er-Jahre:

> „Als Gegengewicht zur Berichterstattung in der britischen Massenpresse bildete sich zu Beginn der 1980er Jahre einen neue Form unabhängiger Fußballfan-Magazine. Sie entwickelten sich ursprünglich aus Fußballbeilagen von Punk-Musik-Zines, wollten mit dem vorherrschenden Bild des Fußballfans aufräumen und ihre Sicht des Fußballs veröffentlichen (...) aus den sechs Fanzines zu Beginn der 1980er Jahre wurden im Jahre 1990 200 Publikationen mit einer Saisonauflage von ca. einer Million Exemplaren" (Schulze 2005: 202).

---

[4] Mailorder sind Vertriebe, über die man Tonträger, Bücher, Fanzines etc. bestellen kann. Diese werden dann per Post zugestellt.

Das wohl bekannteste englischsprachige Fußball-Fanzine ist „When Saturday Comes". Im deutschsprachigen Raum lassen sich erste Publikationen Ende der 1980er-Jahre beobachten, das erste bekannte Heft war „Millerntor Roar", das von Fans des FC St. Pauli in Hamburg veröffentlicht wurde (vgl. ebenda).

- Literatur-Fanzines

Literatur-Fanzines drucken zumeist Kurzgeschichten o.Ä. ab, meistens von AutorInnen, die über keinen Vertrieb verfügen und bei keinem Verlag unter Vertrag stehen. Auch hier wird nach dem DIY-Prinzip gehandelt, eingeschickte Geschichten oder Essays werden meist unkorrigiert abgedruckt.

- Comic-Fanzines

Vergleichbar mit den Literatur-Fanzines werden in diesem Bereich Comics von unbekannten KünstlerInnen veröffentlicht. Oftmals dienen Abdrucke in Comic-Fanzines als Sprungbrett für weitere Veröffentlichungen in anderen Medien, manchmal werden ZeichnerInnen auf diese Art und Weise von Verlagen entdeckt (vgl. Weber 2005: 86).

- Polit-Fanzines

Obwohl der Begriff Fanzines für Printmedien, die sich ausschließlich mit politischen Themen auseinandersetzen nicht optimal erscheint, so gibt es doch einige Veröffentlichungen, die die formalen Kriterien eines Fanzines erfüllen. Das wohl bekannteste Beispiel für ein solches Medium ist das Wiener „Tatblatt", welches im Zeitraum von 1988 bis 2005 erschien. Zunächst als Wochenzeitschrift geplant, erschien das Tatblatt später im Zwei-Wochen-Rhythmus, dann monatlich und am Schluss in unregelmäßigen Intervallen [5].

- Ego-Zines

Ego-Zines sind Fanzines, die in der Regel von einer Person herausgebracht werden. Sie haben einen sehr persönlichen Charakter, veröffentlicht werden Texte, die die Gefühlslage des/r AutorIn widergeben sowie verschiedenste Berichte über Musik oder andere Formen von Kultur:

> „Vor allem in den USA erschienen immer mehr Hefte, in dessen Zentrum nicht mehr die Begeisterung für einen Musikstil, eine Sportart oder eine Kunstrichtung stand, sondern das Erleben des eigenen Alltags. Mit ‚Ego-' oder ‚Perzines' (...) brachten nun nicht mehr nur Fans, sondern auch Einzelpersonen eigene Magazine heraus (Katheder 2008: 233).

---

5 Vgl. http://www.nadir.org/nadir/periodika/tatblatt/

Als bekanntestes Beispiel im deutschen Sprachraum nennt Karin Weber das „Enpunkt" von Klaus N. Frick (vgl. Weber 2005: 86).

- Web-Zines

Bei Web-Zines handelt es sich um die elektronische Version von Fanzines, die im Internet abrufbar sind. Vergleichbar sind sie mit aktuelleren Erscheinungsformen wie Blogs. Im empirischen Teil wird auf das Phänomen des Web-Zines näher eingegangen.

Anzumerken bleibt noch, dass es auch unzählige rechtsextreme Fanzines gibt. In Deutschland und Österreich floriert dieser Markt:

> „Fanzines wurden von unterschiedlichen sozialen und kulturellen Gruppen zur Selbstermächtigung genutzt und stellen dabei nicht per se einen gesellschaftlich emanzipatorischen Akt dar. Dies wird vor allem dann deutlich, wenn man die Inhalte von Fanzines rechtsextremer Szenen betrachtet. Die durch sie verbreiteten rassistischen und antisemitischen Ideologien zeigen, dass ‚Do-It-Yourself' als Selbstermächtigung auch regressiven Charakter haben kann" (Katheter 2008: 231).

2.8.2 Geschichte der Fanzines

Der Begriff Fanzine taucht zum ersten Mal in den 1930er-Jahren auf. Damals erschienen in den USA mehrere Hefte, die sich mit Science Fiction Literatur beschäftigten und von Fans für Fans gemacht wurden. In Deutschland begann diese Entwicklung erst in den 1950er-Jahren. (vgl. Weber 2005: 76). Die ersten Fanzines, die sich mit Musik beschäftigten, entstanden im Zuge des Aufkommens der Punkbewegung. Als erste Vertreter dieser Gattung kann man wohl das amerikanische „Punk", welches im Jahre 1975 gegründet wurde, sowie das englische „Sniffin Glue" aus dem Jahre 1976 bezeichnen (vgl. Mück 1994: 150). Das erste deutschsprachige Musik-Fanzine war „The Ostrich", welches 1977 in Düsseldorf gegründet wurde (vgl. ebenda: 78). In dieser Zeit übten Fanzines einen großen Einfluss auf die kommerziell-ausgerichtete Musikpresse aus:

> „Bis zur Mitte der siebziger Jahre hatte sich auch in Deutschland die Untergrund-Bewegung in Form von Fanzines prächtig entwickelt, was dazu führte, dass die rauhe Ästhetik der zumeist aus der Punk-Bewegung entstammenden Fanzines mit Namen wie ‚Willkürakt' oder ‚Arschtritt' zum Vorbild für die großen Musikmagazine, wie auch Lifestyle-Magazine wurden (...) die klassische Musikpresse wurde durch den Erfolg der Fanzines unter Druck gesetzt und versuchte Musik zu objektivieren, indem (...) jeder Ton in einen

gesellschaftspolitischen Kontext gezwungen wurde" (Bauer 2008: 110 f.).

In den 1980er und 1990er-Jahren gab es einen regelrechten Boom, es erschienen unzählige Fanzines in den verschiedensten Formen. Erst mit dem Aufkommen des Internets bzw. der allgemeinen technischen Entwicklung nahm dieser Boom ein bisschen ab, und neue Formen wie das Web-Zine konnten sich etablieren.

Die ersten Punk-Fanzines Österreichs nannten sich „Es ist zum Scheißn, Change" sowie „Totes Wien" und erschienen in den späten 1970er-Jahren. Erst Mitte bis Ende der 1980er- Jahre setzte sich das Format des Fanzines auch hierzulande durch, und es gründeten sich Publikationen wie das „Chelsea Chroncle", „Der Gürtel", „Arschloch Glücklich" (Vorgänger des „Flex Digest") oder das „Skug" (vgl. Weber 2005: 83 f.). Konstantin Drobil beschreibt die Situation in Österreich Anfang der 1990er-Jahre wie folgt:

> „Auch relativ konstant erscheinende österreichische Fanzines mußten in der Vergangenheit aufgrund interner Konflikte oder zu großem finanziellen Verlust über kurz oder lang wieder vom Markt verschwinden, außer sie entschieden sich für die totale Kommerzialisierung wie das ‚Skug' (Wien/Linz) oder das ebenfalls über den kommerziellen Großvertrieb ‚Morawa' laufende ‚Chelsea Chronicle' (Wien); der ‚Gürtel' wandelte sich nach 12 Ausgaben in ein Comic-Magazin um; der ‚Basilisk' (Wien) stellte das Erscheinen nach zwölf Ausgaben ein" (Drobil 1993: 91).

Seitdem gab es in Österreich immer wieder verschiedene Fanzines, wie z.B. das Ego-Zine „My So Called Life" oder „Glow In The Dark", welches sich mit Skateboarden und Kunst beschäftigte. Diese hatten allerdings allesamt eine relativ kurze Lebendauer. In den letzten Jahren sind vor allem das semi-professionelle „Big Kult" und dessen Nachfolger, das im empirischen Teil untersuchte „Rokko's Adventures", von Bedeutung.

Einen sehr guten Überblick über derzeit erscheinende deutschsprachige Fanzines findet man auf der Webseite „fanzine-index.de"[6].

2.9 Punk

Da mein Untersuchungsgegenstand im weitesten Sinne mit der Subkultur des Punks zusammenhängt bzw. viele der von mir untersuchten Konzepte zum ersten Mal in dieser Subkultur verwendet wurden, möchte ich an dieser Stelle einen kurzen Überblick über die

---

6 http://www.fanzine-index.de/

Geschichte und die Ideologie des Punks geben. Ohne Punk gäbe es wohl keine Fanzines, wie wir sie heutzutage kennen, der subkulturelle Musikjournalismus im Allgemeinen war ebenfalls stark von Punk beeinflusst.

2.9.1 Geschichte des Punks

Die ideologischen VorgängerInnen des Punks sind im Dadaismus der 1920er-Jahre sowie im Situationismus, der während der Mai-Unruhen des Jahres 1968 in Paris seinen Höhepunkt erreichte, zu finden (vgl. Mück 1994: 92 ff.). Beide Bewegungen zählten zu den radikalsten VertreterInnen der europäischen Avantgarde und hatten zum Ziel, die etablierten Begriffe von Kunst und Politik anzugreifen:

> „Genauso wie Dada eine Anti-Kunst ist, stellte sich auch Punk vehement und exzessiv gegen das Establishment und herrschende Normen. Die Verbindungen zwischen den beiden Bewegungen sind augenscheinlich, der Dadaismus revolutionierte die Kunst und die Punk-Bewegung wirkte genauso in den Bereichen der Jugend- und Musikkultur" (ebenda: 93).

Vor allem Malcolm McLaren, der Manager der einflussreichen Punk-Band „Sex Pistols" war stark beeinflusst von der Situationistischen Bewegung und versuchte, deren Konzepte auf die Szene in England der 1970er-Jahre umzulegen (vgl. Hoffer 2006: 42).

Seit Jahren herrscht ein Streit darüber, ob Punk in den Vereinigten Staaten oder in England erfunden wurde, und zu welchem Zeitpunkt dies geschah. Die ersten musikalischen VorläuferInnen des Punks lassen sich eher in den USA Mitte der 1970er-Jahre finden, hier entwickelte sich eine Protopunkszene, zu der Bands wie „The Stooges", „New York Dolls" oder „MC5" zu zählen sind. Vor allem der New Yorker Club CBGBs diente als Treffpunkt und Sammelbecken für diese Szene, und mit einem Fanzine namens „Punk" wurde hier auch der Name der Bewegung geboren (vgl. Weber 2005: 43 f.). Als erste „richtige" Punkband werden gemeinhin die New Yorker „Ramones" gesehen (vgl. ebenda).

Der schon erwähnte Malcolm McLaren versuchte sich als Manager der Band „New York Dolls", kehrte jedoch schon bald nach Großbritannien zurück und wollte die Punk-Bewegung, die er in New York kennen gelernt hatte, in seine Heimat importieren. Gemeinsam mit der Designerin Vivian Westwood eröffnete er eine Boutique in London (vgl. Mück 1994: 101) und nahm bald die „Sex Pistols" unter seine Fittiche, die im November 1975 ihr erstes Konzert spielten. Die darauffolgenden Jahre 1976 und 1977 gelten als die Gründungsjahre des Punks, wie wir ihn heute kennen (vgl. Lau 1992: 24 f.). Die „Sex Pistols" veröffentlichten ihre erste Single „Anarchy in the UK" und sorgten damit für einiges mediales Aufsehen, welches sie durch ihr provokantes Auftreten noch verstärkten. Im Zuge des Erfolgs der „Sex Pistols" gründeten sich viele weitere Punk-Bands wie die „Buzzcocks" oder die „Vibrators". Diese unterschieden sich in ihrem Auftreten deutlich vom Kunstprojekt des Malcolm McLaren und waren in vielen Augen repräsentativer für die aufkommende Punk-Bewegung:

> „Punk war aber nicht das sorgfältig entworfene multimediale Gesamtkunstwerk des Malcolm McLaren, als das es häufig etwas vereinfacht gesehen wird, sondern ist zu einem Großteil eine Verkörperung der allgemeinen Situation in Großbritannien. Die Punk-Subkultur fügt sich mit ihrer systematischen Demontage kulureller (sic) Werte nahtlos in einen allgemeinen Prozeß des Werteverfalls, der mit der sich vertiefenden Krise des Kapitalismus bis dahin unter der Oberfläche geschwelt hatte und nun offen ausbrach" (Mück 1994: 101).

Vor dem Hintergrund steigender Arbeitslosigkeit, dem Aufkommen der parlamentarischen Rechten in England sowie einer zunehmend desillusionierten Jugend wurde Punk schnell zum medial gehypten Massenphänomen. Die Bewegung sollte in dieser Form allerdings nur relativ kurz andauern, die Sex Pistols lösten sich 1978 auf und schon im Jahre 1980 wurde der Slogan „Punk is Dead" propagiert (vgl. Lau 1992: 26 f.). Anzumerken bleibt, dass sich Punk im Anschluss an diese Entwicklung in unzählige Sub-Genres wie z.B. Hardcore oder Crust aufsplitterte und sich vor allem in den USA und in Kontinentaleuropa einer immer größeren Beliebtheit erfreute (vgl. Mück 1994: 106). Unter anderem sei hier auf die amerikanische Band „Dead Kennedys" verwiesen, die die Subkultur des Punks um eine davor nicht da gewesene politische Dimension erweiterte. Jürgen Mück konstatiert:

> „Die Punkszene scheint sich bis zur Mitte der 80er-Jahre stabilisiert zu haben und übt weiterhin Einfluß auf die Entwicklung von Jugendkulturen aus. Verbindungen zur autonomen Hausbesetzerszene in Berlin-Kreuzberg oder in der Hamburger Hafenstraße lassen sich direkt ableiten. Nur, die Bewegung wird zunehmend politisch kodiert, was der britische Punk nicht explizit war, und vermischt sich anderen dissidenten Formen von Jugend- bzw. Protestkultur" (ebenda).

2.9.2 Ideologie des Punks

Simon Frith sieht die drei wesentlichsten Punkte der Ideologie des Punks wie folgt:

- Die Musik: Frith sieht Punk formal als Rock ‚n' Roll - „er ist technisch unkompliziert, aufgebaut auf einem einfachen harten Beat, Ursache und Garant spontaner Freude" (Frith 1998: 226). Diese musikalischen Eigenheiten seien allerdings nichts grundlegend Neues, sondern schon bekannte Spielarten einer jugendlichen Rebellion gegen die Erwachsenen bzw. das Establishment.
- Die Kritik am Musikbusiness: die traditionellen Rock ‚n' Roll - Bands sind längst schon langweilig geworden und bieten eine optimale Angriffsfläche für die jungen Punks: „Deshalb ist das Zurück zu den Wurzeln des Rock ‚n' Roll für sich gesehen schon eine Verneinung der Geschäftspraktiken der großen Plattenkonzerne und in der musikalischen Klarheit des Punks eine politische Überzeugung - die Garagenband ist ein Angriff auf das Starsystem" (ebenda: 227).
- Die Verbindung von Punk und Klassenbewussstsein: Bands wie „The Clash" thematisierten in ihren Texten soziale Probleme wie z.B. die hohe Arbeitslosigkeit. Dadurch gerieten sie dem Anschein nach zum Sprachrohr der frustrierten englischen Jugendlichen. Schnell wurde allerdings klar, dass diese Bands nicht aus Proletariern bestanden und relativ bald begannen, Musik für ein Massenpublikum zu machen und gut dotierte Plattenverträge zu unterschreiben (vgl. ebenda: 229 f.).

Anzumerken bleibt jedoch, dass der Artikel von Simon Frith im Original aus dem Jahre 1977 stammt und sich seitdem vieles verändert hat. Die genannten drei Punkte spiegeln die Situation in England Mitte der 1970er-Jahre wieder, die Szene hat sich seither massiv ausdifferenziert und es sind einige Punkte zur „Ideologie des Punks" hinzuzufügen. An erster Stelle wäre hier das DIY-Konzept zu nennen, welches in Kapitel 2.7 ausführlich erläutert wird. Karin Weber meint zu dieser Thematik, „dass es von Punk zig unterschiedliche Auslegungen gibt, die Bewegung ist so heterogen, wie es nur sein kann, was nicht zuletzt auch als eine Wechselwirkung der Individualität/Antikonformität - Werthaltung verstanden werden kann" (Weber 2005: 51).

Abgesehen vom DIY-Prinzip wären folgende Einstellungen als repräsentativ für die Punk-Bewegung zu nennen: Ablehnung von Diskriminierungsformen jeglicher Art (Rassismus, Sexismus, Homophobie etc.) sowie eine massiv ausgeprägte Abneigung gegenüber Autoritäten wie z.B. der Polizei oder Religionen. Abschließend bleibt hinzuzufügen, dass sich etliche dieser Verhaltensmuster lediglich auf die Theorie beschränken und in der Praxis nicht immer beobachtet werden können.

2.10 DIY

Das DIY-Prinzip ist eng verbunden mit den Idealen der Neuen Sozialen Bewegungen bzw. auf einer künstlerischen Ebene mit dem Aufkommen von Punk und Hardcore. DIY steht hierbei für "Do It Yourself". Das zentrale Credo des DIY-Prinzips ist die Tatsache, dass man sich von Fremdbestimmung befreit und Sachen selber in die Hand nimmt. „Das Bewußtsein und das Wissen, selbst nach eigenen Vorstellungen aktiv und produktiv sein zu können, wirkt motivierend" (Wächter, 1995: 72). Oftmals ist auch ein antikapitalistischer Gedanke Motivation, um nach dem DIY-Prinzip tätig zu werden. Man will kapitalistische Firmen nicht unterstützen, sondern baut sich als Alternative dazu eigene Strukturen auf: „Im Kontext von punkbeeinflussten Jugendkulturen geht es bei DIY v.a. darum, Kultur bzw. kulturelle Objekte möglichst abseits von kommerziellen Strukturen zu schaffen und sich somit als Gegenpol zur Kulturindustrie zu positionieren" (Calmbach 2007: 96). Stark verknüpft ist der DIY-Gedanken auch mit dem "Non-Profit"-Prinzip, sprich man ist nicht darauf bedacht, durch seine Tätigkeiten Gewinn zu erzielen. Bleibt am Ende dennoch Geld über, so wird dieses in ähnlich geartete Projekte investiert. Auf einer anderen Ebene hilft das DIY-Prinzip dabei, Produktionsprozesse zu entmystifizieren und damit Schranken abzubauen (vgl. Wächter 1995: 72).

Historisch gesehen bleibt anzumerken, dass es ähnliche antikapitalistische Gedanken schon vor dem Aufkommen von Punk gab (vgl. Hoffer 2006: 51). Richtig durchsetzen konnte sich das DIY-Prinzip allerdings erst, als sich im Zuge des Erfolgs der ersten Punk-Bands wie die Sex Pistols oder die Ramones viele neue, junge Bands formierten.

Die DIY-Kultur umfasst viele Facetten. Ging es zu Beginn noch eher darum, den Stil der eigenen Bekleidung zu verändern, z.B. „die individuelle Gestaltung der Lederjacke mit Aufnähern, Buttons,

Nieten, Sprüchen etc." (Weber 2005: 53), so breitete sich der Gedanke bald auf den Musik-Bereich aus. Bands produzierten ihre Musik selber, veröffentlichten ihre eigenen Tonträger und veranstalteten ihre Konzerte bzw. Konzerte befreundeter Bands selbst. Mittlerweile gibt es eine Reihe von künstlerischen und medialen Inhalten, die nach dem DIY-Prinzip produziert werden: Comics, Filme, Bücher bzw. Radiosendungen oder eben Fanzines.

Auf der ganzen Welt gibt es viele Menschen, denen diese Herangehensweise ein Anliegen ist, deshalb gibt es heutzutage ein weit verbreitetes Netzwerk von gleich gesinnten Personen, welches, nicht wahrgenommen von der Mehrheitsgesellschaft, im Untergrund agiert (im empirischen Teil wird auf diesen Aspekt näher eingegangen). Mit Hilfe dieses Netzwerkes ist es also durchaus möglich, in weit entfernten Teilen der Erde als KünstlerIn wahrgenommen zu werden und, im besten Falle, dort auch aufzutreten:

> „Die Ideen von DIY, Gemeinschaft und Netzwerk bestimmen die Praxis des ‚privaten' und des ‚künstlerischen' Bereichs, die nicht voneinander zu trennen sind. Die Beobachtung bestätigt, (...) daß (sic) sich die Subkultur, durch ein überregionales Netzwerk auszeichnet, welches in Verbindung mit dem DIY-Prinzip auch eine Abgrenzung von der ‚Rest'-Gesellschaft mit sich bringt" (Wächter 1995: 73).

Kritische Stimmen behaupten immer wieder, dass viele AkteurInnen nur deshalb selber aktiv werden, da sie von der Musik-Industrie ignoriert werden. Oftmals ist kein politischer Gedanke der Hintergund dafür, sondern die pragmatische Tatsache, dass sich ansonsten niemand für diese Arbeit finden würde. Martin Büsser schreibt hierzu, allerdings auf DIY-Labels[7] bezogen:

> „Bis heute sind Independent-Labels nicht per se rebellisch, sondern im Gegenteil meist Miniaturen der Industrie, die darum ringen, weniger verkäufliche Produkte verkäuflicher zu machen, die sich als Idealismus einer Minderheitenmusik annehmen, ohne damit notwendig in den Prozeß gesellschaftlicher Veränderung eingreifen zu wollen" (Büsser 1995: 66).

Auch Jello Biafra, der Sänger der legendären amerikanischen Punk-Band „Dead Kennedys" sowie Chef des Independent-Labels „Alternative Tentacles", übt Kritik an den Praktiken der Labels:

---

7 Labels sind im Allgemeinen Plattenfirmen. Im Zusammenhang mit der Punkszene werden die Begriffe DIY-Label oder Independent-Label dazu genutzt, um sich von den großen Major-Labels (wie z.B. Sony oder Warner) abzugrenzen.

„Es gibt gute Independent-Labels und es gibt solche, die nur als kleiner Talentschuppen agieren, um ihren College-Freunden eine Single aufzunehmen, mit deren Hilfe sich die Band bei einem Major bewerben kann. Ich nenne das: College-Industry. Das ist der ganz falsche Ansatz, ein Label zu gründen, aber leider der gängige" (zitiert nach Calmbach 2007: 113).

3 Methodologie und Methode

3.1 Qualitative Sozialforschung

Um meine Fragestellungen wissenschaftlich exakt zu beantworten, entschied ich mich für die Methoden der qualitativen Sozialforschung. Diese schien mir am besten geeignet für meine Art der Untersuchung, im Gegensatz zur rein quantitativen Forschung.

Das Hauptaugenmerk der qualitativen Sozialforschung liegt auf Texten, die durch verschiedenste Erhebungsverfahren gewonnen werden können. Die wichtigsten Techniken hierbei sind die teilnehmende Beobachtung sowie Interviews: „(...) in der qualitativen Forschung (spielt) der verbale Zugang, das Gespräch eine besondere Rolle (...) man muss hier die Subjekte selber zur Sprache kommen lassen, sie selbst sind zunächst die Experten für ihre eigenen Bedeutungszusammenhänge" (Mayring 1993: S. 49).

Das gewonnene Material wird im nächsten Schritt durch die Transkription in einen Prozess der Interpretation geführt. Abschließend wird der niedergeschriebene Text anhand gewisser Kategorien ausgewertet und analysiert. Im Folgenden möchte ich näher auf die einzelnen Schritte meines Forschungsprozesses eingehen.

Wie oben erwähnt, sind qualitative Befragungen neben der teilnehmenden Beobachtung die wichtigsten qualitativen Forschungswerkzeuge. Standardisierte Fragebögen schienen mir für meinen Forschungsprozess wenig geeignet. Das qualitative Interview weist nun einige Besonderheiten auf, von denen ich die wichtigsten aufführen möchte:

- Qualitative Interviews erfolgen im alltäglichen Milieu des Befragten, um eine möglichst natürliche Situation herzustellen und authentische Informationen zu erhalten.
- Qualitative Interviews sind nicht standardisiert, aus der Nichtstandardisierung folgt, dass es keine geschlossenen Fragen geben kann.
- Große Fallzahlen sind ausgeschlossen, es geht bestenfalls um einige typische Fälle (vgl. Lamnek 1995, S. 68).

Die Schwierigkeit beim qualitativen Interview besteht darin, dem/der Gesprächspartner/In die gewünschten Informationen zu entlocken, ohne das Gespräch entscheidend zu beeinflussen bzw. den Redefluss des Interviewten zu unterbrechen. Lamnek bezeichnet dies als „offene Gesprächstechnik (...) der Interviewer ist anregend-passiv" (ebenda).

In der qualitativen Forschung gibt es einige spezielle Formen des qualitativen Interviews, die sich in ihren Feinheiten unterscheiden. Der wichtigste Typus hierbei ist sicherlich das Leitfaden-Interview, für das ich mich im Rahmen meiner Forschungsarbeit entschied: „Kennzeichnend für diese Interviews ist, dass mehr oder minder offen formulierte Fragen in Form eines Leitfadens in die Interviewsituation ‚mitgebracht' werden, auf die der Interviewte frei antworten soll" (Flick 2002: S. 143).

Eine weitere Unterform des qualitativen Interviews stellt das problemzentrierte Interview dar, dessen Spezifika sich mit den des Leitfaden-Interviews überschneiden. „Das Interview läßt den Befragten möglichst frei zu Wort kommen, um einem offenen Gespräch nahezukommen. Es ist aber zentriert auf eine bestimmte Problemstellung, die der Interviewer einführt, auf die er immer wieder zurückkommt" (Mayring 1993: S. 50).

Durch einleitende „Sondierungsfragen" soll ein möglichst glatter Einstieg ins Gespräch ermöglicht werden, danach wird anhand des Leitfadens das Interview gestaltet. Hierbei kann der/die Interviewer/In allerdings die Reihenfolge der Fragen nach Belieben verändern, falls ihm/ihr das für das Gespräch hilfreich erscheint. Weiters kann er durch spontane „Ad-hoc-Fragen" bestimmte Themenaspekte vertiefen bzw. im Leitfaden nicht vorhandene Bereiche eröffnen.

Von zentraler Bedeutung für ein möglichst informatives Gespräch ist bei dieser Art der Befragung der Leitfaden. Nur wenn alle Aspekte des Leitfadens in allen Interviews abgehandelt werden, lassen sich dann später die Ergebnisse der Befragungen miteinander vergleichen. Auf die Gestaltung meines Leitfadens bzw. auf die Auswahl meiner Interviewpartner werde ich an einem späteren Punkt meiner Arbeit näher eingehen.

3.2 Forschungsprozess

3.2.1 Feldzugang

Zu Beginn der Beschreibung meines Forschungsprozesses möchte ich kurz auf meinen persönlichen Zugang zur Materie eingehen. Ich beschäftige mich seit geraumer Zeit (mittlerweile ca. 12 Jahre) intensiv mit Subkultur bzw. mit Musik, die in diesen Bereich fällt. Unter anderem war ich in dieser Zeit als Konzertorganisator, Musikschaffender und Journalist tätig. Dieser persönliche Zugang zum Forschungsfeld birgt Vor- und Nachteile in sich. Auf der einen Seite hatte ich keine Probleme, geeignete Interviewpartner zu finden, ich kannte alle Befragten zumindest flüchtig. Auf der anderen Seite besteht durch diese persönliche Befangenheit die Gefahr, den Sachverhalt verklärt bzw. aus einer subjektiven, nicht-wissenschaftlichen Sicht zu betrachten. Durch einen gut gestalteten Leitfaden bzw. durch eine gewisse Zurückhaltung in den Interviews versuchte ich, nicht in diese Falle zu tappen.

3.2.2 Fallauswahl

Anders als in der quantitativen Sozialforschung erfolgt in der qualitativen Forschung die Wahl der Stichprobe nicht durch Zufall, sondern der/die Forscher/In sucht nach ExpertInnen, die möglichst viel zum untersuchten Thema sagen können: „Es handelt sich um eine interessensgeleitete Auswahl, die typische Fälle beinhalten soll" (Hoffer 2006: S. 63).

Ich führte vier qualitative Interviews mit Experten zur Thematik durch. Wichtig hierbei war mir, dass ich sowohl Gesprächspartner hatte, die in den Neunzigerjahren in der Szene aktiv waren sowie welche, die heute subkulturelle Musikmedien herausbringen (in einem Fall trifft sogar beides zu). Meine Gesprächspartner sollen im Folgenden kurz beschrieben werden. In zwei Fällen bestanden die Interviewpartner aus persönlichen Gründen darauf, mit ihren Künstlernamen genannt zu werden.

- Georg Cracked: brachte von Mitte / Ende 1997 bis 2000 das „Cracked" heraus, das sich mit allen möglichen Arten der subkulturellen Musik, allerdings auch mit anderen Themen beschäftigte. Davor veröffentlichte er bereits das Fanzine „Der Grubenhund". Seit dem Jahre 2000 gestaltet er das „Cracked" als reines Web-Zine weiter[8]. Es erschienen „10 reguläre Ausgaben, 2 Spezialausgaben, ein Kalender und noch anderer Schnickschnack" (Georg Cracked, 9–13).
- Gerald Waibel: brachte zunächst das Fanzine „Arschloch Glücklich" heraus (ab 1987), danach war er Mitarbeiter des „Flex Digest", ein Fanzine, welches von 1990 bis 1999 regelmäßig erschien. Weiters war er als Musiker in diversen Bands der Szene tätig.
- Rokko Anal: schrieb bis 2006 für das Musik-Magazin „Big Load", gründete danach sein eigenes Magazin „Rokko's Adventures[9]", welches sich mit diversen Bereichen der Subkultur beschäftigt. Nebenbei als Autor für diverse Magazine wie z.B. „The Gap" oder „Wiener" tätig.

8 http://www.monochrom.at/cracked

9 http://www.myspace.com/rokkosadventures

- Didi Neidhart: schreibt seit 1990 für das Magazin „Skug[10]", seit einiger Zeit auch als Chefredakteur tätig. Schreibt auch für diverse andere Medien (Testcard, Taz, Jungle World).

3.2.3 Datenerhebung

Die Interviews wurden alle im Oktober bzw. November 2008 durchgeführt. Aufgrund der räumlichen Distanz zu einem der Interviewpartner (Didi Neidhart) wurde dieses Interview per E-Mail geführt, die anderen Gespräche fanden entweder in der Wohnung des Gesprächspartners oder in einem ruhigen Kaffeehaus statt. Alle Interviews dauerten ca. 45 Minuten und wurden anhand des von mir formulierten Leitfadens, der sich an meinen Forschungsfragen orientierte, durchgeführt. Sie wurden per Minidisk-Player aufgezeichnet. Alle Gespräche fanden in einer entspannten und angenehmen Atmosphäre statt, es gab kaum Störfaktoren und die Befragten zeigten sich alle sehr kooperativ und an der Thematik interessiert. Als Einstiegsfragen wählte ich möglichst offene Fragen wie z.B. „Seit wann und warum machst du das Magazin XY?", um den Redeschwall des Gesprächspartners in Gang zu bringen. Dies funktionierte in allen Gesprächssituationen sehr gut, und ich musste im Laufe der Gespräche nur mehr selten auf bestimmte Teilaspekte des Leitfadens verweisen, um alle Bereiche meines Forschungsinteresses abzudecken. Manche Gesprächspartner kamen mir in dieser Hinsicht zuvor, und sprachen ohne Aufforderung über bestimmte Aspekte, die sich auch in meinem Leitfaden wiederfanden. Das Aufnahmegerät minderte in keiner Situation den „alltäglichen" Charakter des Gesprächs, da es sich relativ unauffällig auf einem Tisch o.Ä. befand und ich das Mikrophon nicht in der Hand halten musste. In keinem der Gespräche wurden auffällig störende Nebengeräusche bemerkbar und es handelte sich in allen Fällen um Einzelinterviews. Ich denke, man kann alle Gespräche als geglückt und für meine Arbeit verwertbar bezeichnen.

3.3 Auswertung

3.3.1 Transkription

Nachdem ich die vier Interviews durchgeführt hatte, begann ich als nächsten Schritt mit der Transkription, sprich der Verschriftlichung der von mir geführten Interviews. Hierbei gibt es gewisse Regeln, ich entschied mich für die Übertragung in normales Schriftdeutsch: „Der Dialekt wird bereinigt, Satzbaufehler werden behoben, der Stil

---

10 http://www.skug.at/

geglättet. Dies kommt dann in Frage, wenn die inhaltlich-thematische Ebene im Vordergrund steht, wenn der Befragte beispielsweise als Zeuge, als Experte, als Informant auftreten soll" (Mayring 1993: S. 70). Pausen wurden von mir als solche gekennzeichnet, Pausenfüller wie „Äh" o.Ä. wurden in ebendieser Form verschriftlicht.

3.3.2 Inhaltsanalyse

Nachdem ich die Interviews in eine schriftliche Form gebracht hatte, begann ich nun die Texte mit Hilfe einer Inhaltsanalyse auszuwerten. Auch hierbei gibt es wieder einige spezifische Unterformen der Analyse, wie z.B. die gegenstandsbezogene Theoriebildung oder eine hermeneutisch-sozialwissenschaftliche Herangehensweise. Ich entschied mich für die „klassische" qualitative Inhaltsanalyse, welche sich gut für große Mengen an Textmaterial eignet. Bei der qualitativen Inhaltsanalyse wird das vorhandene Material schrittweise zergliedert und systematisch analysiert (vgl. Mayring 1993: S. 91). Wichtig ist hierbei, dass man das vorhandene Textmaterial bestimmten Kategorien zuordnet. Diese Kategorien können sich schon vorab durch die Ausformulierung der Forschungsfragen ergeben, oder sich erst im Laufe der Analyse herauskristallisieren. Die meisten von mir analysierten Textstellen konnte ich einer bereits formulierten Kategorie zuordnen, zusätzlich erschien mir beim Durchforsten des Materials die Kategorie „Motivation" als zentral für meinen Forschungsgegenstand und ich entschloss mich, diese in mein Kategoriensystem aufzunehmen. Als nächsten Schritt begann ich die den einzelnen Kategorien zugeordneten Textpassagen auf Übereinstimmungen und Widersprüche zu überprüfen. Auf der einen Seite untersuchte ich, ob es Überschneidungen in den Aussagen der einzelnen Interviewpartner gab, auf der anderen Seite wollte ich meine Hypothesen auf deren Richtigkeit überprüfen.

Zu diesem Zweck nummerierte ich die einzelnen Zeilen des Textmaterials, welche auch in den jeweiligen Zitaten wiedergegeben werden. Ich verzichtete darauf, die komplett transkribierten Interviews im Anhang wiederzugeben und entschied mich dafür, die für den Forschungsgegenstand relevanten Textinhalte im Hauptteil ausführlich zu zitieren.

4 Darstellung der Ergebnisse

4.1 Subkultur

In dieser Kategorie sollte untersucht werden, ob aus den Antworten der Befragten eine allgemeingültige Definition von Subkultur abgeleitet werden kann. Von großem Interesse war für mich die Frage, ob sich die einzelnen Definitionen von Subkultur im Wesentlichen mit den wissenschaftlichen Definitionen, die ich im Theorieteil bereits erläutert habe, decken oder ob es signifikante Abweichungen gibt. Bedingt durch die Tatsache, dass ich keine Sozialwissenschaftler interviewte und dass es sich bei den Interviews um Gespräche mit einem „alltäglichen" Charakter handelte, ging ich nicht davon aus, dass sich die Aussagen der Befragten in ihrer Semantik mit wissenschaftlichen Theorien überschneiden würden.

Fast alle Gesprächspartner betonten von Anfang an, dass sie es als sehr schwierig erachten, eine solche Definition zu liefern bzw. dass es in den letzten Jahren sehr viel schwieriger geworden ist.

> „Das war, wie das Cracked begonnen hat, Anfang der 90er-Jahre, oder wie ich begonnen hab, Fanzines zu machen, da war das leichter. Und zwar wirklich leichter, weil damals Alternativkultur, also es gab eine Mainstream-Kultur, und dann gab's was drunter, und das drunter war einfach schwieriger zu finden, das hatte diesen Charakter des Geheimen, die Leute kannten sich auch sehr stark (...) heutzutage hat sich das alles so aufgesplittet, dass es so viele Kulturen gibt, gerade einmal im Jugendbereich, so viele Arten, dass man gar nicht mehr von Gegenkultur[11] sprechen kann" (Georg Cracked, 96–102).

Das Aufsplittern von Jugendkulturen bzw. Subkulturen ist ein Punkt, der oftmals erwähnt wird. Diese geht einher mit dem Aufkommen von neuen AkteurInnen, wie z.B. dem Radiosender FM4, aber auch mit der technischen Entwicklung, v.A. des Internets (auf diesen Punkt wird an späterer Stelle noch näher eingegangen) bzw. von Computern. Heutzutage sind subkulturelle Inhalte viel leichter zu finden als noch in den 1980er- oder 1990er-Jahren. Technisch ist es um vieles einfacher geworden, subkulturelle Medien zu gestalten und zu vertreiben. Außerdem sind die Überschneidungen zwischen Subkultur und Mainstream häufiger geworden, der oben genannte

---

11 „Der Begriff Gegenkultur definiert soziale Gruppen, die bestehende Normen und Werte der vorherrschenden Gesellschaft ablehnen" (Reinecke 2007: 99). Der Begriff wird oftmals in einem ähnlichen Zusammenhang wie Subkultur verwendet.

„Charakter des Geheimen" scheint in den letzten Jahren also verloren gegangen zu sein.

> „Es war einfach gegen den Mainstream ausgerichtet, der Mainstream war für mich Ö3. Damals hat's noch kein FM4 gegeben, also das war in meinen Augen eine strikte Trennung von gesellschaftlich akzeptiert und Randgruppen, man könnte natürlich sagen, das war das, was nicht mehr als 100 - 150 Leute auf die Konzerte gezogen hat"
>
> (Gerald Waibel, 56-59).

Auffallend ist die „Us vs. Them" - Mentalität, die sich in solchen Aussagen manifestiert. Subkultur wird als das definiert, das sich vom sogenannten „Mainstream" abgrenzt und versucht, dem etwas entgegen zu setzen. Dies passiert auf unterschiedliche Art und Weise, z.B. die Preispolitik oder die allgemeine politische Ausrichtung. Subkultur scheint in dieser Deutung eng gekoppelt an die DIY - Prinzipien bzw. an die Ideale der „Neuen Sozialen Bewegungen", welche ich im Theorieteil näher erläutert habe.

> „Ein wichtiger Teil für mich war die Geld (...) Politik, also dass die Bands auch drauf geachtet haben, dass der Eintritt nicht so teuer war, dass die Kids sich das auch leisten können, und das Do-It-Yourself natürlich (...) für mich war es auch immer eine linke Geschichte" (Gerald Waibel, 61-65).

Subkultur wird also durchaus als politisch links wahrgenommen, wobei es hierbei auch Überschneidungen mit dem Begriff der Gegenkultur gibt. Interessant scheint mir auch die Tatsache, dass die Interviewten stark unterschiedliche Zugänge zu dieser Thematik haben. Auf der einen Seite gibt es den, oben schon erwähnten, streng politisch konnotierten Zugang, welche mir eher bei Personen unterkamen, die in den 1990er-Jahren ativ waren.

> „Ja, da hats auch immer Diskussionen gegeben, ist es jetzt Politik oder ist es nicht Politik, für mich war's Politik, weil's einfach Underground-Kultur war, und für mich auch eine stark links definierte Kultur" (Gerald Waibel, 69-71).

Mit der Zeit scheint sich diese Herangehensweise an den Begriff Subkultur verändert zu haben, wobei es bei aktuellen MedienmacherInnen auch durchaus unterschiedliche Sichtweisen der Thematik gibt. Einer der Befragten vertrat hierbei einen relativ pragmatischen Zugang:

> „Subkultur (...) sind Sachen, die keiner kennt. Außer man ist dabei. Ich glaub ja, dass viele Gruppen oder Leute subkulturell sind, obwohl sie es gar nicht sein wollen in Wirklichkeit. Die probieren eh, dass sie Gehör kriegen, aber es steigt halt

meistens nicht auf in den Bekanntheitsgrad, dass man, dass es nicht mehr Subkultur wäre" (Rokko Anal, 94-99).

Gemeint ist also, dass viele KünstlerInnen bzw. Medienschaffende durchaus nicht abgeneigt wären, in kommerziell höhere Sphären aufzusteigen, dies aber aus diversen Gründen nicht schaffen. Das Mäntelchen der Subkultur wird also in vielen Fällen nur zum Schein umgehangen.

Auch Didi Neidhart, Chefredakteur des „Skug" plädiert für eine Aufhebung des Gegensatzes „Mainstream vs. Subkultur", wie er in oben zitierten Interviews beschrieben wurde. Anzumerken bleibt jedoch, dass Neidhart von künstlerischen Aspekten spricht, und nicht von politisch-inhaltlichen. Dennoch kann man hier keinerlei Spuren der oben beschriebenen „Us vs. Them" - Mentalität finden.

> „Wir sind ja auch strikt gegen jegliche Trennungen zwischen Underground und Overground. Das vermischt sich sowieso immer. Denn genauso wie sich der Mainstream beim Underground bedient, holt sich der Underground Sachen aus dem Mainstream (...) wir finden es eher interessant, scheinbare Mainstream-Sachen subversiv zu lesen, als den Underground nochmals als Underground zu feiern" (Didi Neidhart, 51-59).

4.2 Finanzierung

Wie finanzieren sich subkulturelle Medien? Es ist davon auszugehen, dass sich die Finanzierung derartiger Print-Medien stark von kommerziell ausgerichteten Medien unterscheidet, wobei die diversen Einnahmequellen durchaus die selben sind (Verkauf, Inserate, Presseförderung/Subventionen), nur die prozentuale Verteilung eine unterschiedliche ist. Teilweise mach(t)en die von mir untersuchten Medien ein Minus, welches sich in den meisten Fällen jedoch in einem minimalen Rahmen hält. Oftmals gibt es auch Zugang zu alternativen oder überhaupt kostenlosen Vertriebs- bzw. Vervielfältigungs-Strukturen, mit Hilfe derer sich Geld sparen lässt:

> „Ich hatte damals einen Arbeitgeber, der über (...) ich drücks mal so aus, wo ich freien Zugang zu Produktionskapazitäten hatte, sprich Computer zum Layouten, unter Anführungszeichen, und dann vor Allem zum Kopieren" (Georg Cracked, 24-26).

Im Allgemeinen zeichnen sich subkulturelle Medien durch ein höheres Maß an Einfallsreichtum im Vergleich zu kommerziell ausgerichteten Medien aus. Die eigenen Ressourcen bzw. die Möglichkeiten der eigenen Szene werden genutzt, um das Heft zu finanzieren:

> „Noch was zur Finanzierung, wir haben auch immer wieder Digest-Partys gemacht, wo Bands quasi für nichts gespielt haben, und wir haben dann halt das Plus vom Getränkeverkauf und den Eintritt bekommen, mit dem haben wir's auch noch finanziert" (Gerald Waibel, 187–190).

Ein anderer Aspekt der Finanzierung subkultureller Medien ist das Tauschprinzip, welches in der gesamten DIY-Szene in unterschiedlichen Varianten zu finden ist. Eine derartige Vorgehensweise ist symptomatisch für den oftmals anti-kapitalistischen Zugang von subkulturellen Medien und findet sich in dieser Form im Bereich von kommerziell ausgerichteten Medien nicht wieder.

> „Bei einem Fanzine ist der Hauptanteil ja Kopierkosten, weil Honorare gibt's nicht für Schreiber bzw. hab ich das Meiste eh selber geschrieben, und das hat sich alles eigentlich refinanziert über Promo, Promos, die ich nicht kaufen musste (...) Tauschhandel, im Endeffekt (…) also ganz klassischer Tauschhandel Sachwaren gegen Aufmerksamkeit, für diese Produkte" (Georg Cracked, 31–39).

Es wird also über Musik-Veröffentlichungen berichtet, die dem Medienschaffenden gratis zur Verfügung gestellt werden. Oftmals hätte sich dieser die CDs ohnehin gekauft, er spart also Geld. Wir befinden uns in einer Win-Win Situation, denn für das Label bzw. die Band ergibt die Berichterstattung über die Veröffentlichung einen gewissen Werbeeffekt. Auch im Bereich der Anzeigen, bei kommerziell orientierten Medien eine der wesentlichen Einnahmequellen, wird oftmals nach dem Tauschprinzip agiert:

> „So hab ich schon Anzeigen, das sind immer so drei bis vier Seiten, die werden viertel-seitig vergeben, und immer an Sachen, die mir entweder sympathisch sind, so kleine Hefte oder Labels, oder Hefte, mit denen so etwas wie ein Anzeigentausch stattfindet, also die kriegen bei mir eine viertel Seite und ich krieg bei denen eine viertel Seite. Aber Cent hab ich noch keinen einzigen dafür bekommen" (Rokko Anal, 150–154).

Teilweise werden Medien über die klassischen, oben beschriebenen Einnahmequellen finanziert, wie z.B. das „Skug". Hier wurde ich vom Herausgeber des „Skugs", Alfred Pranzl, auf die Tatsache aufmerksam gemacht, dass früher mehr Inserate geschaltet wurden, diese aber durch den stark rückläufigen Tonträgerverkauf immer weniger würden und das „Skug" heutzutage im Vergleich zu früher stärker auf Subventionen angewiesen ist. Andere subkulturelle Medien verzichten entweder freiwillig auf Subventionen oder haben keinen Zugang zu diesen. Somit spielen Subventionen bzw. Presseförderung keinen wesentlichen Aspekt bei der Finanzierung subkultureller Medien. Einer der Befragten berichtet von einem frustrierenden Erlebnis in diesem Zusammenhang:

> „Oh ja, doch, beim, im Ministerium für Unterricht, Kunst und Kultur (habe ich um eine Subvention angesucht). Das war ziemlich absurd, weil da muss man bei dem Ansuchen ankreuzen, ob man Literatur ist oder Film oder Musik, ich hab's dann zu erst zur Literatur geschickt, weil wir auch Literaturbeiträge und so drinnen haben, und ich mir gedacht habe, vielleicht ist es das. Dann ist zurückgekommen, nein, das ist kein reines Literaturheft, sondern da ist auch Musik und Film und sonst was drinnen, und sie können mir deshalb nichts geben. Dann hab ich mir gedacht, OK, dann probier ich's mal bei der Musik, und da ist dann wieder das Selbe zurückgekommen. Das heißt, die haben mir gesagt, weil du 4 Hefte auf einmal machst, können wir dir von keinem Ressort Geld geben, und ich war dann ziemlich angefressen" (Rokko Anal, 158–166).

Subkulturelle Medien können also im Gegensatz zu kommerziell ausgerichteten Produkten nicht auf öffentliche Gelder zurück greifen und müssen sich deshalb andere Finanzierungmöglichkeiten überlegen:

> „Ich schreibe aber, also ich mache journalistische Tätigkeiten für andere Magazine, die mir auch Geld geben. Alles, was ich da einnehme, damit kann ich eigentlich machen was ich will, und so finanziere ich dann das Heft. Das funktioniert eigentlich ganz gut, teilweise ist das schon absurd, wenn ich für irgendein Magazin einen Artikel schreibe, und dann 300 Euro kriege, und das Geld dann wieder auf die Seite lege, damit ich selber wieder was schreiben kann. Also irgendwie schreibe ich damit ich schreiben kann" (Rokko Anal, 118–124).

Das heißt, es ist durchaus gang und gäbe, dass subkulturelle Medienschaffende einer bezahlten Arbeit (in diesem Falle Journalismus) nachgehen, um das Heft (oder zumindest Teile davon) zu finanzieren. Auch andere Befragte erwähnten diesen Aspekt, wenn auch in einem kleineren Rahmen. So finanzieren sich manche Medienschaffende ihre Arbeitsutensilien (z.B. den Toner für den Drucker o.Ä.) selber, sprich aus ihrem „Brotjob".

> „Ich hab dann immer wieder einen Toner gezahlt bekommen, und das war's (...) und Papier, aber auch nicht immer, also es hat eigentlich jeder was hineingesteckt, Ausdrucke

oder Anfahrtskosten oder (...) Tapes[12] für die Interviews, was sich im Rahmen gehalten hat" (Gerald Waibel, 184–187).

Ein interessanter Aspekt, der mir in den Interviews aufgefallen ist, ist die Tatsache, dass viele subkulturelle Medien Schwierigkeiten beim Akquirieren von Inseraten haben bzw. diese notwendige Tätigkeit nicht gerne verrichten. Zum Teil kann dies aus der politischen Einstellung der jeweiligen Medienschaffenden erklärt werden. Probleme dieser Art führten schon zum Ende so manchen Projekts.

> „Es war ja so, um das Organisatorische wollte sich niemand kümmern, es hat jeder Lust gehabt zu schreiben, aber es wollte niemand Inserate keilen, was ich verstehe, es wollte sich niemand wirklich um den Verkauf kümmern, was ich verstehe, wir haben alle Lust gehabt, eine Zeitung, ein Magazin zu machen, aber das was auch dazugehört, das wollte niemand machen, und meiner Meinung nach ist es dann auch an dem schlußendlich gescheitert (...) es war dann schon immer das Problem, dass das Geld für die Druckerei kommt, wir haben zu wenig Inserate gehabt und so" (Gerald Waibel, 160–166).

> „Beim Grubenhund damals, wir wollten uns damals über Anzeigen und Verkauf finanzieren, und das war so eine (...) also die mühsamste Arbeit, die auch niemand machen wollte, das ist glaub ich eh bei allen Fanzines gleich, Anzeigen keilen wollte nie jemand" (Georg Cracked, 142–145).

Ein zentraler Begriff, der mir bei meiner Auseinandersetzung mit subkulturellen Medien bzw. mit Subkultur immer wieder untergekommen ist, ist die Selbstausbeutung. Gemeint ist, dass viele MedienmacherInnen unentgeltlich arbeiten, viel Zeit und Energie in das Projekt investieren, ohne dafür eine materielle Aufwandsentschädigung zu erhalten. Dieses Phänomen ist nicht nur für den Bereich der subkulturellen Medien typisch, sondern zieht sich wie ein roter Faden durch alle Bereiche der Subkultur, sei es Konzertorganisation oder das Mitwirken in einem künstlerischen Projekt. Ohne Selbstausbeutung würden wohl viele Projekte und Initiativen aus dem Bereich der Subkultur nicht oder nur massiv eingeschränkt existieren.

> „Ich glaub das war damals in der Szene relativ klar, dass es anders nicht geht, ich mein, es ist anders als jetzt, damals hat fast nix Geld gebracht, da hats vielleicht ein paar Bands gegeben, die Geld verdient haben, vielleicht hat es ein, zwei Fanzines gegeben, die ein Plus gemacht haben, dass sie sich

12 Tapes ist das englische Wort für Kassetten, mit denen früher Interviews aufgezeichnet wurden.

auch was zahlen können, aber das Meiste war Selbstausbeutung" (Gerald Waibel, 207-211).

Dieses Phänomen ist über den von mir untersuchten Zeitraum gleich geblieben, d.h. die Situation hat sich nicht verbessert. Das gesamte DIY- bzw. gegenkulturelle Netzwerk beruht und beruhte immer schon auf dem Prinzip der Selbstausbeutung:

> „Das gesamte Punk/Hardcore Netzwerk der 80er bis Mitte der 90er, wo ichs mitgekriegt habe, hat auf Selbstausbeutung basiert, und ich hab auch die These, die ich bis jetzt noch nicht nachgeprüft habe, dass es ökonomisch nur durch das Taschengeld aufrecht erhalten wurde, das die Eltern ihren Kindern gegeben haben, das da reingesteckt worden ist, weil sonst hätte es nicht funktioniert. Also, (...) das ist meine These, das DIY-Netzwerk fußt auf Selbstausbeutung und Taschengeld" (Georg Cracked, 167-172).

Einer der jüngeren Befragten, der erst seit relativ kurzer Zeit als subkultureller Medienschaffender aktiv ist, hat einen pragmatischeren Zugang zum Prinzip der Selbstausbeutung. Seiner Wahrnehmung nach ist das Herausbringen eines subkulturellen Printmediums durchaus vergleichbar mit anderen, „normaleren" Hobbies, in die man ja ebenfalls Geld investieren muss. Auf diesen Aspekt soll an späterer Stelle noch näher eingegangen werden.

> „Ja, Selbstausbeutung, ich weiß nicht. Auf der einen Seite natürlich, auf der anderen Seite denke ich mir dann immer, jemand, der für seine Modelleisenbahn - Sammlung Geld und Zeit investiert, das ist auch Selbstausbeutung, oder taugt's dem einfach? Das taugt mir einfach, und sonst würde ich's ja nicht machen. Deswegen, klar, es ist irrsinnig viel Arbeitsaufwand, unbezahlte Arbeit, es kostet sogar was, aber es ist nicht mein Beruf, deswegen (...) es ist (...) das eine Wort ist vielleicht Selbstausbeutung, das andere Wort ist vielleicht Beschäftigungstherapie, oder Hobby einfach" (Rokko Anal, 178-184).

Hierbei darf aber nicht außer Acht gelassen werden, dass einige der Befragten (v.A. diejenigen, die in den 1990er-Jahren aktiv waren), diesen Aspekt nicht negativ bewerten. Das Gestalten und Herausbringen eines subkulturellen Mediums wird als positive Erfahrung bewertet, bei dem die Interviewten vieles dazugelernt haben. Auf der einen Seite wird die praktische Ebene genannt, sprich das Aneignen von Wissen und Fähigkeiten, die im späteren Berufsleben der Medienschaffenden von großem Nutzen waren:

> „Ich hab aber insofern davon profitiert, dass ich graphisch sehr viel dabei gelernt hab, ich hab damals in einem Verlag

gearbeitet, und da war ich relativ weit unten, da hab ich quasi die Druckvorstufe, oder das vor der Druckvorstufe gemacht, heißt Korrektur, Bildbearbeitung und so, eigentlich das Anspruchslose, wo man aber Know-How über Drucken oder Druckvorbereitung lernt und beim Digest hab ich mich eben graphisch austoben können (...) und da hab ich insofern davon profitiert, dass ich sehr viel über die Programme gelernt hab, und das hat mir auch getaugt, und das war auch eine Herausforderung für mich, alles auszusprobieren" (Gerald Waibel, 254-261).

Auch der sehr allgemeine Begriff der „Lebenserfahrung" wird in den Interviews genannt, sprich dass das Publizieren im subkulturellem Bereich bzw. das Aktiv-Sein in der subkulturellen Szene im Allgemeinen auf einer nicht greifbaren Ebene für die weitere Lebensgestaltung der Medienschaffenden wichtig und lehrreich war.

> „Aber, was da nicht vergessen werden darf, Selbstausbeutung, vor Allem im DIY-Netzwerk, was immer spannend war für mich, was eine lehrreiche Erfahrung war, sind zwei Dinge: Zum einen, dass man sagt, man will nicht mehr arbeiten, wenn man nicht bezahlt wird. Was ich ganz interessant finde, heutzutage, zum ganzen Thema ‚Generation Praktikum', vor Allem in der Kulturindustrie, und das Zweite ist, was man als Teenager oder als Twen ohne Mittel auf die Beine stellen kann, was man produzieren kann, weil für jede Punkband war die erste selbst-produzierte Single[13] in der Hand zu halten ein großartiger Moment, der charakterlich auch Leben verändert (...) das hat glaub ich jeden der da drin war geprägt" (Georg Cracked, 172-184).

Einer der Befragten äußert sich dahingehend, dass andere Medien erst durch das Publizieren seines subkulturellen Heftes auf ihn aufmerksam geworden sind und er sich dadurch sein Projekt finanzieren konnte:

> „Im Endeffekt ist das finanziell gesehen auf verlorenem Boden, aber ich muss dazu sagen, dass ich , also das Schreiben für andere Magazine nur deswegen kann, weil die das gesehen haben, das Heft, und dann gesagt haben, ‚Der macht was, das finde ich interessant, schauen wir wer das ist', und insofern zahlt sich das schon aus, finanziell" (Rokko Anal, 140-144).

13 Eine Single ist eine Vinyl-Schalplatte im kleineren Format, oftmals auch "Seven Inch" genannt.

4.3 Selbstverständnis

In dieser Phase der Interviews sollte das Selbstverständnis der Befragten abgefragt werden, sprich ob sie sich selbst als Akteure einer bestimmten Szene sehen bzw. ob Zuschreibungen wie „subkulturell“, „gegenkulturell“ oder „alternativ“ für die Medienschaffenden von Bedeutung sind. Auch hier ist die Tatsache auffällig, dass sich alle Befragten mit einer solchen Definition schwer tun bzw. die Akteure, die in den 1990er-Jahren aktiv waren betonen, dass dieses Selbstverständnis früher leichter zu formulieren war. Auf der einen Seite gibt es wiederum die stärker politisch geprägten Medien, die sich stark an den poltischen Ziele und Ideale der Gegenkultur orientierten:

> „Im Großen und Ganzen war das etwas, von dem das Heft gelebt hat, weil man nicht wirklich eine Linie gehabt hat, also Linie, wie schon gesagt, die war links, Förderung von Unbekanntem, Sympathie fürs Unbekannte, Sympathie für Initiativen und (…) Selbstbestimmung, Do-It-Yourself (…) und ‚Scheiß auf die Gesellschaft', wir machen das was wir wollen und es ist uns egal, ob das irgendwer (…) gut findet oder nicht gut findet“ (Gerald Waibel, 98-107).

Für das „Skug“ auf der anderen Seite würde keiner der oben genannten Begriffe als Selbstdefinition einen Sinn ergeben, auch hier schlägt sich wieder die eher theoretische bzw. Musik-philosophische Ausrichtung des Heftes wieder:

> „Wir würden wahrscheinlich keinen dieser Begriffe verwenden. eine jüngste Überlegung zu einem neuen Untertitel ging in Richtung ‚Texte zur Musik'. Am ehesten wohl ‚popistisch' und alles andere als fundamentalistisch“ (Didi Neidhart, 90-92).

Einer der Befragten gab zur Antwort, dass er sich sehr wohl Gedanken über Selbstzuschreibungen mache, aber sich nicht in eine gewisse „Schublade“ stecken lassen wolle:

> „Ich wollte in keine der Sparten reinfallen, und ich glaub es ist auch nicht offen subkulturell. Es gibt auch immer verschiedene Tendenzen. Das ist mir auch wichtig, dass man nicht das Heft in die Hand nimmt und sagt ‚Ah, wieder so ein Fanzine', sondern ich wollte es immer so haben, dass es spannend bleibt für denjenigen, der das liest (...) deswegen, ich weiß nicht, ob es subkulturell ist (…) obwohl, subkulturell vielleicht schon (…) aber wahrscheinlich eher gezwungenermaßen, weil ich keinen Verlag habe“ (Rokko Anal, 72-82).

Hier schlägt sich die oben schon erwähnte Sichtweise von Subkultur durch, die sich nur auf das Kommerzielle bzw. auf die Infrastruktur bezieht. Subkultur als Selbstbeschreibung scheint hier nur deswegen gegeben, weil das Projekt noch in keine höheren kommerziellen Sphären eingedrungen ist (sprich eine höhere Auflage hat) bzw. über keine professionellere Infrastruktur wie z.B. Verlag oder Vertrieb verfügt. Die künstlerischen bzw. die politisch-inhaltlichen Aspekte werden in dieser Sichtweise ausgeblendet. Auch eine starke Abgrenzung zum „Mainstream" findet sich in den Aussagen des Befragten nicht wieder, weiters scheint mir in diesem Fall der Verweis auf die Hochkultur als interessant:

> „Ich weiß nicht, ob es eine Alternative zu irgendwas ist, Mainstream ist es sicher nicht, das kann man sagen. Es sind schon subkulturelle Tendenzen drin, aber es sind genauso Tendenzen drin aus der Hochkultur (...) ja, eigentlich sub- und hochkulturelle Sachen, die meiner Meinung nach Beachtung verdienen. Es ist ja nicht jede Musik scheiße, die erfolgreich ist, das muss man auch sagen, und deswegen denke ich nicht in solchen Sparten, sondern ich versuche nach Qualität auszuwählen" (Rokko Anal, 86-91).

Auch der letzte meiner Interviewpartner konzentriert sich in seinem Selbstverständnis nicht auf politische Aspekte, bei ihm ist es klar, dass das Hauptaugenmerk seines Heftes auf Musik ausgerichtet war und ist. Einzig der Stil der Musik bzw. die Art und Weise der Berichterstattung und der Reflexion über Musik hat sich über die Jahre verändert.

> „Natürlich ist der Kern, einfach über Musik zu schreiben, und zwar auch (...) die Reflexion über Musik ist anders, das hat auch damit zu tun, dass man, mit deutlich über 30, kein junges Punk-Kid mehr ist, das sich über Gott und die Welt aufregen kann - man wird ein bisschen ruhiger, man wird gesettlter, es ist nicht mehr alles aufregend was neu ist" (Georg Cracked, 65-69).

Als Einziger der Befragten erwähnt Georg Cracked die regionale Komponente. Ihm erscheint es wichtig, lokale Kulturschaffende zu unterstützen, ohne dass diese Intention durch eine patriotische Einstellung geprägt zu sein scheint:

> „Inzwischen geht es eigentlich um Musik, die sich nur am Rand abspielt, der ein Forum zu bieten (...) was immer noch gleich geblieben ist, dass es sehr lokal geblieben ist (...) dass ich lieber über Musik schreibe, die aus Österreich ist und was Besonderes ist als über Musik, die aus den kulturellen Zentren kommt" (Georg Cracked, 73-76).

Wie oben erwähnt, sieht er keine offene politische Agenda in seinem Tun, sondern konzentriert sich mehr auf die künstlerischen Aspekte von Sub- bzw. Gegenkultur:

> „Es gab nie ein politisches Manifest, das dahinter steckt, oder ein politisches Ziel, es war sicher, möglicherweise ist es auch immer noch, ein winziger Beitrag zum (...) zur Gegenkultur, in dem Sinn, dass es ein Versuch auch ist, Dingen eine kleine Öffentlichkeit zu bieten, die sonst vielleicht keine kriegen" (Georg Cracked, 84–88).

4.4 Das Internet

Da ich in meiner Arbeit die Situation von subkulturellen Printmedien in den 1990er-Jahren und heutzutage vergleichen will, ist das Aufkommen des Internets von zentraler Bedeutung. Die technische Entwicklung des Netzes fällt genau in diesen Zeitraum. War das Internet Mitte der 1990er-Jahre noch nicht sehr weit entwickelt und nur einem kleinen Kreis von Computer-Interessierten zugänglich, so ist es heute eines der wichtigsten Kommunikationsmittel unserer Zeit. Auf der einen Seite werden viele Schritte der Produktion eines Printmediums über Computer bzw. über das Netz abgewickelt, auf der anderen Seite erlangten Online-Medien wie Web-Fanzines oder Blogs ungeahnte Popularität. Mit Hilfe dieser technischen Errungenschaften ist es für Medienschaffende heutzutage um ein Vielfaches einfacher, Inhalte zu publizieren. Auch mit der Geschwindigkeit des Internets können Printmedien oftmals nicht mithalten. Einige Publikationen stellten aus diesen Gründen ihre Print-Veröffentlichungen ein und erschienen entweder nur mehr online oder aber gar nicht mehr. In meinen Befragungen wollte ich untersuchen, wie Medienschaffende, die Musik-Magazine bzw. Fanzines veröffentlichen diese Entwicklung einschätzen bzw. ob sie das Format des Printmediums gefährdet sehen. Dieser Aspekt meiner Untersuchung hat soviele Facetten, dass man damit alleine schon eine Diplomarbeit füllen könnte. Deshalb konzentrierte ich mich auf das Verhältnis Internet - Print, um den Rahmen dieser Arbeit nicht zu sprengen.

Wie erwartet fällt die Einschätzung der Entwicklung des Internets relativ ambivalent aus. Die medientheoretischen Eigenheiten des Internets werden erstaunlich nüchtern wiedergegeben:

> „Was Internet jetzt in dem Bereich gemacht hat ist, dass es viel mehr davon gibt, dass das potentielle Publikum viel größer ist, dass es aber auch weitaus disperser ist (...) es gibt weitaus mehr, jeder kann (...) statt, dass es ein paar gibt, die als Gatekeeper fungieren, und ihren möglicherweise über-

legten Schwachsinn heraus posaunen, gibt's jetzt eine Unzahl, die ihren unüberlegten Schwachsinn heraus posaunen. (…) das Internet ist ja an sich weder etwas Gutes noch etwas Schlechtes, aber es kommt drauf an, was man damit macht" (Georg Cracked, 272-289).

Positiv hervorgehoben wird die größere Aktualität von Online-Medien im Vergleich zum Print-Sektor:

> „Leiwand ist es, dass man aktuell sein kann, ich finde auch die Blogs eine relativ sympathische Idee. Du gehst auf ein Konzert, oder machst ein Interview, nächsten Tag setzt du dich hin und schreibst das und hast die komplett frischen Eindrücke (...) oder du setzt dich halt hin, sobald du Zeit hast (…) weil sonst ist es so, du machst ein Interview, und das Heft kommt eh erst in zwei Monaten raus, da ist natürlich die Versuchung groß, dass du es erstmals sechs Wochen liegen lässt, weil es ist ja auch mit Arbeit verknüpft" (Gerald Waibel, 571-576).

Ein weiterer Aspekt, der in Zusammenhang mit dem Aufkommen des Internets oftmals erwähnt wird, ist die schnellere und unkompliziertere Kommunikation. Musste man in den 1990er-Jahren noch relativ mühselig über den Postweg kommunizieren, so kann man heute mit einigen wenigen Mausklicks, sei es über E-Mail oder über die diversen sozialen Netzwerke[14], mit der ganzen Welt in Kontakt treten.

> „Es ist auch viel einfacher jetzt mit Künstlern oder Musikern in Kontakt zu kommen, weil jeder seine Homepage oder Myspace - Seiten hat. Da braucht man nur einmal hin schreiben, und grundsätzlich sind die eh alle froh, wenn jemand Interesse an ihnen zeigt. Ich will ja auch nicht Madonna interviewen, sondern Leute, die über Medienpräsenz recht dankbar sind" (Rokko Anal, 304-308).

> „Noch wichtiger finde ich aber E-Mail-Kommunikation. Wir sind ja mittlerweile mit diversesten Leuten weltweit vernetzt. einige kenn ich auch nur via E-Mail. Aber da geht's meist ganz schnell, auch was die Entwicklung von Ideen, Themen angeht. Nicht zu vergessen das Schicken von Texten, weil wir haben ja damals noch mit Schreibmaschinen angefangen" (Didi Neidhart, 147-151).

Auch bei der Recherche zu diversen Artikeln erscheint das Internet sehr hilfreich. In diesem Bereich wurde die Arbeit von Medienschaffenden durch die technische Entwicklung der letzten Jahre ebenfalls massiv erleichtert. Hierbei werden aber auch die negativen Aspekte

---

14 z.B. Myspace (www.myspace.com) oder Facebook (www.facebook.com)

der Entwicklung angeführt, z.B. dass viele Informationen nicht auf ihren Wahrheitsgehalt überprüft werden können und sich deshalb viele Halbwahrheiten im Netz finden lassen.

> „Bei der Recherche auf alle Fälle, wobei wir hier auch eher sehr streng sind. Das heißt Texte, die sich Halbe/Halbe aus Wikipedia[15]-Einträgen und Promo-Texten zusammensetzen lehnen wir ab. Die gibt's eh in zig anderen Magazinen. Es ist vor allem der schnelle Zugang zu Informationen (Musik, Bilder, etc.) (...) also vom Schreiben her seh ich bei uns wenig Einfluss, von der Informationsbeschaffung schon eher" (Didi Neidhart, 126–144).

Die schnellere und unkompliziertere Kommunikation über das Internet macht auch die Bewerbung des eigenen Produkts bzw. von Veranstaltungen einfacher:

> „Was ich vielleicht noch dazu sagen sollte, online ist (…) das bringt auch für mich total viele Chancen, ich kann die Ankündigungen machen und Mails verschicken, ich verschicke ja nicht 500 Briefe, wo drin steht ‚Release - Party'[16], aber per Mail, klar machst du das. Du kannst online Flyer[17] machen, und das hat schon seinen Sinn, genauso wie wenn du mit Flyern in Lokale gehst, aber jetzt kannst du es halt von Zuhause auch machen" (Rokko Anal, 298–303).

Ein zentrales Thema beim Verhältnis Online vs. Printmedien ist die ökonomische Komponente. Alle Befragten gingen in ihren Antworten auf diesen Gesichtspunkt ein. Es erscheint um einiges billiger, Inhalte nur im Netz zu veröffentlichen, als ein Printmedium zu veröffentlichen:

> „Als jemand der vom Print kommt (sehe ich die Entwicklung des Internets) negativ, als jemand der weiß was das kosten kann extrem positiv, weil einfach das Internet ausgenützt wird, es ist da, warum soll man es nicht ausnützen? (...) ich finde es gut, weil du brauchst nicht die Druckkosten, und den Webspace kannst du dir eigentlich leisten, das ist nicht so teuer" (Gerald Waibel, 548–553).

> „Das Internet hat mehrere Dinge verursacht, einfach an sich, bzw. die Digitalisierung hat verursacht, dass jeder alles gleich will, und dass jeder alles gratis haben will (…) und, gleich und gratis ist ökonomisch ein ganz ein schlechtes

---

15 Online-Enzyklopädie (www.wikipedia.org)

16 Unter Release-Party versteht man eine Veranstaltung, bei der die neueste Ausgabe eines Magazins präsentiert wird.

17 Ein Flyer ist ein kleines Stück Papier, auf dem für diverse Produkte oder Veranstaltungen geworben wird.

Fundament. Die Digitalisierung hat das aber auch ermöglicht, dass das geht" (Georg Cracked, 260–263).

Eine praktische Eigenschaft von Printmedien kam mir in meinen Befragungen mehrmals unter, nämlich die Tatsache, dass man Printmedien überall mit hinnehmen kann, während man vor einem Computer sitzen muss, um ein Online-Medium zu rezipieren. Dies wird von vielen Befragten als positive Eigenschaft des Printmediums betrachtet:

> „Ein bisschen tut es mir leid, weil das war schon fein, wenn du ein Fanzine mit zum Schwimmen nimmst oder ins Klo oder in die Badewanne nimmst" (Gerald Waibel, 550–551).

> „Also ich les gerne Print, und es gibt einen Vorteil von Print, den Online nie haben wird, nämlich, die konnte man am Klo lesen. Das klingt jetzt sicher doof, aber ich bin sicher nicht der einzige, der das gesagt hat. Oder im Bett, oder irgendwo herum liegend" (Georg Cracked, 296–299).

Die Greifbarkeit bzw. die „Schwere der Buchstaben" im Allgemeinen wird als äußerst positives Element von Printmedien im Vergleich zu Internet-Präsenzen gewertet:

> „Vielleicht ist es eh altmodisch ein Printmagazin zu machen, aber es hat auch einen gewissen Reiz, weil die Buchstaben in einem Magazin irgendwie mehr Schwere haben, als Online – Buchstaben, weil die kannst du jeden Moment löschen oder austauschen. Aber wenn du was in ein Magazin schreibst, dann gehst du schon davon aus, dass das stimmt und das wer die Verantwortung dafür übernimmt. (...) ich find's bei einem richtigen Heft klasse, dass du es nach dem Lesen vielleicht in deinen Kasten stellst, und das dann immer greifbar ist. Und irgendwie, man kann auch online mit viel Liebe arbeiten, aber bei einem Heft merkt man es glaub ich besser, dass da viel Liebe drinnen steckt" (Rokko Anal, 268–279).

Viele subkulturelle Medien sind dazu übergegangen, eine Web-Präsenz begleitend zum Printprodukt zu gestalten. Im Netz lassen sich auf diese Art und Weise Inhalte publizieren, die im Heft keinen Platz gehabt hätten. Auch Multimedia-Funktionen wie z.B. Videos oder Musikdateien können ergänzend zum Printmedium auf einer Homepage veröffentlicht werden. Diese Herangehensweise erscheint einigen der Befragten als der sinnvollste Weg:

> „Im Moment wird die Skug-Homepage von einer keinen Gruppe von Leuten auf Eigeninitiative gemacht. Das läuft ganz gut, aber da sind wir auch am Limit. Es gibt schon viele Texte, vor allem von jüngeren AutorInnen, die gleich direkt im Netz erscheinen" (Didi Neidhart, 158–161).

„Ja, wir arbeiten auch an einer Online - Präsenz. Und zwar deswegen, weil (...) dann gibt es halt auch noch einen Platz, wo ich Sachen rauf stellen kann, für die nicht genug Platz im Heft waren. Das ist mir dann auch sinnvoll erschienen, das zu machen. Das richtet eben auch mein Designer gratis ein, also wir arbeiten dran. Da kommt dann die aktuelle Ausgabe drauf, die alten Ausgaben, und dann halt so Online - Specials, vielleicht auch noch Audio - Sequenzen von Interviews, so kleine Überraschungen werden wir uns da schon einfallen lassen" (Rokko Anal, 253–263).

Zum Abschluss dieses Kapitels möchte ich noch zwei allgemeine Einschätzungen der Entwicklung des Internets anführen. Zum einen die gesunkene Wertigkeit von Ressourcen und Informationen, die durch deren massiv gestiegene Verfügbarkeit bedingt ist:

„Wie schon angesprochen, es macht es schneller, es macht es einfacher, aber gleichzeitig ist die Aufmerksamkeit viel geringer, weil die Mühsal an Inhalte heranzukommen viel geringer ist, und deshalb ist es auch in der Wertigkeit, das ist meine persönliche Einschätzung, geringer. Wenn ich mich heute für kulturelle Literatur interessieren würde, und es gab ja einige Literatur-Fanzines, dann gibt's heute, wenn ich ins Internet gehe, habe ich hunderte Seiten mit hunderten Texten, wo ich mir was runter laden kann. Nur dadurch verliert's aber auch den Wert, den es damals hatte. Also ich weiß, ich kenne viele Leute, die einfach Fanzines mehr oder weniger von vorne bis hinten durch gelesen haben, weil (...) da war alles interessant, da hätte auch alles drin interessant sein können. Die Information war auch viel schwieriger zu kriegen, also ich denk jetzt wirklich an 1989, wo ich in das eingestiegen bin, und da gab es nichts zu kriegen und da war auch die Musik eigentlich nicht zu kriegen. In Wien war's noch leichter als in Linz oder in Salzburg, aber (...) heutzutage (...) bei Amazon gibt es alles. Um jetzt nicht zu sagen Kazaar oder Napster" (Georg Cracked, 401–415).

Zum anderen stellt sich die interessante Frage, ob sich Printmedien durch die technische Entwicklung der letzten Jahre in ihrer Existenz bedroht fühlen müssten. Keiner der Befragten teilte diese Ansicht, mit Verweis auf ähnliche technische Entwicklungen in der Vergangenheit. Die höheren Preise für Anzeigen im Printsektor werden ebenfalls als Argument gegen eine Verdrängung von Magazinen durch das Internet angeführt:

„Also ich glaube trotzdem nicht, dass sich irgendwelche Print - Medien bedroht fühlen müssen durch das Internet, das finde ich irgendwie blöd. Man braucht sich nur anzuschauen, in was für einem Kreis Print - Medien Anzeigen verkaufen können. Wer will sich denn da noch beschweren? Bei Online - Sachen sind die Preise nicht so hoch. Ich finde, die Leute sollten ( ) das eher als Chance sehen, dass sie auch online etwas veröffentlichen können" (Rokko Anal, 292–298).

4.5 Professionalisierung

Eine der Thesen meiner Forschungsarbeit besagte, dass sich subkulturelle Medien in den letzten Jahren auf eine gewisse Art und Weise professionalisiert haben. Sei es auf einer Layout-technischen Ebene oder was den Vertrieb des Heftes anbelangt. Hierbei sollte untersucht werden, ob die von mir Befragten diese These verifizieren würden oder ob es zu anderen, neuen Erkenntnissen kommen würde.

In einer ersten Reaktion stimmten alle Befragten dieser These zu:

> „Ja, eindeutig, da merkst du schon, dass die eine Redaktion haben (...) farbig, einheitliche Layouts, und ja, die Zusammenarbeit mit den Labels, die ist eigentlich auch immer offensichtlich (...) muss man wahrscheinlich machen, damit man existieren kann (...) ja, die sind sicher professioneller, und, vielleicht nicht unbedingt von den Schreiberlingen her, aber von den Strukturen eindeutig" (Gerald Waibel, 594–598).

Als wichtigster Aspekt der Professionalisierung von subkulturellen Printmedien wird oftmals die ökonomische Ebene genannt:

> „Also da gibt's so einen Pol (...) wie soll man sagen, so ein Spektrum, und da hat sich aber alles in die Richtung professioneller bewegt, im gedruckten Bereich, muss es auch, weil es sonst nicht leistbar ist. Also was Vertrieb, Anzeigen, Werbemarkt etc. angeht, ist das ‚Gap'[18] hochprofessionell. Und sie könnten ja auch gar nicht anders, weil sie müssen ja alle zwei Monate die Druckerei bezahlen und die Leute die das geschrieben haben bezahlen, und so" (Georg Cracked, 363–368).

Dies stellt eine Entwicklung dar, die von einigen Medienschaffenden nicht wirklich positiv eingeschätzt wird.

> „Er (der subkulturelle Musikjournalismus) hat sich vor allem ökonomisiert und sich dabei leider aus den Musikmagazinen verabschiedet. Das meiste sind (aus Wiki- & Promo-Texten) zusammengesetzte Produktwerbungen. Fast wie bei Auto-

---

18 Das „Gap" ist ein popkulturelles Magazin aus Wien, welches man gratis beziehen kann.

magazinen. Das war bis Mitte/Ende der 90er schon mal etwas anders. Das meiste, was ich an guten Sachen lese, finde ich mittlerweile in einigen (meist deutschen) Tageszeitungen oder im Uni-Umfeld.

Klar hat sich das alles professionalisiert, aber auf der falschen Ebene (dem Business halt). Theorien, Analysen, Spinnereien, vollkommene Peinlichkeiten, wirres Zeugs & hirnrissige Fan-Artikel sind ja fast gänzlich verschwunden (im Netz gibt es sie zwar, aber da gilt dann doppelt: no Cash)" (Didi Neidhart, 172–180).

Es wird also kritisiert, dass in vielen Musikmagazinen nur noch Quasi-Werbeeinschaltungen zu diversen Produkten erscheinen, während wirklich interessante Artikel eher in Tageszeitungen oder nicht reinen Musik-Medien zu finden sind. Auch das Aufkommen diverser Gratis-Magazine scheint diesen Trend zu bestätigen bzw. ihn voranzutreiben.

Einer der Befragten konstatierte, dass er einer gewissen Professionalisierung seines Heftes prinzipiell nicht negativ gegenüber stehen würde, beschreibt dann allerdings seine Schwierigkeiten, dieses Vorhaben in die Realität umzusetzen (vor Allem den Vertrieb des Mediums betreffend):

„Ich wollte das dann auch in so Geschäften wie im ‚Thalia' oder im Westbahnhof aufliegen haben, aber ich bin schnell darauf gekommen, dass das gar nicht so einfach ist. Weil man in einen professionellen Vertrieb gehen muss, mit Barcode und so. Dann ist halt wieder die Frage, ob es das wert ist und ob sich das auszahlt, weil da musst du dann denen gleich tausend Exemplare geben, die die verteilen. Nachdem ich nur tausend habe, würden dann keine mehr für mich übrig bleiben, und ob sich das dann verkauft, ist die andere Frage. Das ist schon schwer, dass du da den Einzug haltest, dass du dann neben dem ‚Profil' stehst" (Rokko Anal, 379–386).

In einem anderen Interview wurde dieser Aspekt ebenfalls thematisiert, mit demselben Schluss, nämlich dass es für subkulturelle Medienschaffende sehr schwierig ist, einen professionellen Vertrieb zu organisieren:

„Da wäre es dann ja noch intensiver geworden von der Arbeit her, wenn man sagt, man will's richtig verkaufen, ich bau einen richtigen Vertrieb auf. Ich hab in den letzten Jahren auch immer wieder überlegt, ob es eine Möglichkeit gäbe, im deutschsprachigem Raum ein offizielles, ein echtes Cracked zu vertreiben, das ähnlich gestaltet ist, aber das müsste man als richtiges, großes Projekt auf die Beine stellen, und dann auch voll-beruflich machen (...) das ist (...) da steht das Risiko nicht dafür. Hut ab vor jedem der das startet, wie das ‚Datum' [19], weil's ihm taugt oder so, aber (...) ich kenn die andere Seite leider zu sehr, als dass ich das machen wollen würde" (Georg Cracked, 248–255).

Einer der Befragten erwähnte im Interview die inhaltliche Ebene, auf welcher sich gewisse Medien in den letzten Jahren professionalisiert haben. Als Beispiel hierfür wurde das schon erwähnte „Rokko's Adventures" angeführt:

> „Naja, das ‚Rokko's Adventures' kommt äußerlich halt eher wie ein Fanzine, es ist aber tatsächlich in manchen Teilen schon ähnlich, aber es ist in manchen Dingen einfach, da sind Artikel drüber über Künstler, also über richtige Hochkultur-Künstler, mit dem theoretisch-fundierten Hintergrund da, so was gabs in Fanzines eigentlich kaum, das hab ich gemeint. Das ‚Rokko's Adventures' ist weit davon entfernt professionell gemacht zu sein, was gut ist" (Georg Cracked, 352–357).

In einem Interview ging der Befragte auf das „subversive Potential" ein, das eine Professionalisierung mit sich bringe, vor allem auf einer ästhetischen Ebene:

> „Zuerst macht man so ein ‚Copy and Paste' [20] - Ding, und dann kommt man drauf, dass das andere auch seinen Reiz hat. Und, das finde ich schon cool, wenn man einen gewissen professionellen Auftritt hat. Das kann viel subversiver sein als so ein ‚Copy and Paste' - Ding, weil wenn es gut ausschaut, dann greift vielleicht auch einmal einer hin, der sonst das ‚Profil' liest oder so, und macht sich Gedanken darüber, wenn es gut ausgeht, aber so ein handkopiertes Ding wird der wahrscheinlich gar nicht angreifen. Also da sehe ich schon ein subversives Potential. Das war auch einer meiner Grundgedanken, dass ich nicht so ein typisches Fanzine mache, sondern schon einen Schritt hin zur Professionalität mache" (Rokko Anal, 371-379).

Während also ein klassisch gelayoutetes Fanzine mit schlichter Ästhetik seine Verbreitung nur in einem kleinen Kreis von Interessierten finden wird (vgl. die dahingehenden Überlegungen im Theorieteil), so lässt sich mit einem professionelleren Auftritt eine ande-

---

19 Ein monatlich erscheinendes Politik - Magazin aus Wien.

20 Eine Arbeitsweise, in der man Bilder, Buchstaben oder ganze Artikel aus Zeitungen oder Magazinen ausschneidet, um diese dann in einem anderen künstlerischen Kontext wieder aufzukleben und ein neues, eigenes Kunstwerk oder, in diesem Fall, ein Magazin zu gestalten.

re Zielgruppe erreichen, die das Heft ansonsten wohl eher nicht wahrgenommen hätte.

Die Professionalisierung von subkulturellen Printmedien wird also nicht von allen Protagonisten als etwas prinzipiell Negatives bewertet. Oftmals bleibt eine Wertung solcher Entwicklungen auch zur Gänze aus:

> „Ich bin ungern nostalgisch. Also ich will ungern einer von diesen alten Männern werden, die sagen ‚Früher war alles besser'. Früher waren wir jung, da war alles irgendwie besser. Wertend (…) ich wills nicht werten (…) inhaltlich, also strukturell ist es anders als früher, ob das jetzt besser oder schlechter ist“ (Georg Cracked, 371-374).

4.6 Motivation

Die Kategorie „Motivation“ war in meinem Forschungskonzept ursprünglich nicht vorgesehen. Nachdem diese Thematik allerdings in den Interviews oftmals erwähnt wurde, entschied ich mich dazu diese Kategorie gesondert zu analysieren. Interessant war für mich die Frage, wie subkulturelle Medienschaffende ihre Tätigkeit selbst definieren (z.B. als Hobby oder nebenberufliche Tätigkeit) bzw. was der Antrieb hinter ihrem Schaffen ist. Hierbei fielen die Antworten der Befragten relativ unterschiedlich aus.

Einer der Interviewten erklärte, dass sich die Motivation ein subkulturelles Medium zu veröffentlichen über die Jahre hinweg verändert hätte:

> „Das Cracked hat sich stark verändert vom Beginn an, am Anfang wars so ein typisches Punk-Ego-Fanzine, also einfach einer, der das was ihm irgendwie am Herzen liegt, oder was ihn gerade interessant oder wichtig erscheint, niederschreibt und publiziert. (...) damals Punk-Ego-Zine, ganz klassisch, mit dem Ziel, jeden, möglichst jeden, den es gibt zu provozieren, und vor Allem auch die Punk-Szene selber, die ja auch ihre eigenen Dogmen und Tabus hat, der man ja auch ganz schön auf die Zehen treten kann“ (Georg Cracked, 62-72).

Zu Beginn war es dem Befragten also ein Anliegen, über verschiedene künstlerische oder politische Themen zu schreiben und diese so der Öffentlichkeit zu präsentieren. Auf der anderen Seite war aber auch die Provokation, sowohl der Mehrheitsgesellschaft als auch der eigenen Szene gegenüber, Motivation für das Schaffen. Über die Jahre hinweg scheint das Heft allerdings in der subjektiven

Betrachtung des Befragten an Wichtigkeit verloren zu haben, heute sieht er sein Tun als reines Hobby an:

> „Also es war, ist (...) immer noch ein Hobby. Und es hat auch, sozusagen, wenn privat oder beruflich andere Dinge prioritär waren, mehr Zeit in Anspruch genommen haben, dann hat sich das Cracked auch nach hinten verschoben" (Georg Cracked, 227–229).

In eine ähnliche Richtung gehen die Antworten eines anderen Interviewten. Zu Beginn sei die Motivation gewesen, über die eigene Szene zu berichten und diese zu dokumentieren:

> „Es war in Vorarlberg, da hab ich auf einem Konzert ein schweizer Fanzine namens ‚Prawda' gekauft - und es war eine Offenbarung, es bot Information über eine Szene (musikalisch und politisch), die mich sehr interessiert hat, aber über die kaum was geschrieben wurde. Es war unprofessionell, der Schreibstil war nicht besonders - aber es war offensichtlich, dass das von Leuten gemacht wurde, die das machen wollten - Enthusiasmus. Sowas wollte ich auch machen, und Monate später dann in Wien hab ich mit einem Freund eben eines gemacht, und als dann das Flex aufgemacht hat, lag es nahe, weiterhin über ‚unsere' Szene zu schreiben, sie zu dokumentieren" (Gerald Waibel, 621–629).

Über die Jahre hinweg veränderte sich dann langsam der Antrieb, ein subkulturelles Medium herauszubringen:

> „Die Prioritäten haben sich geändert, der Horizont hat sich erweitert, der Zeitaufwand wurde mir irgendwann zu hoch (...) da gibt's sicher noch viele andere Gründe zusätzlich (...) es wurde für mich immer uninteressanter. Und wir haben zu wenig verkauft und wir hatten zu wenig Inserate (...) da fragt man sich dann halt auch mal, warum man soviel Zeit in irgendwas investiert" (Gerald Waibel, 633–637).

Als pures Hobby will Waibel seine Tätigkeit aber nicht verstanden wissen:

> „Hobby verbunden mit einer Arbeit, die man sehr gerne macht: erst schreiben und layouten, später eher nur layouten" (Gerald Waibel, 642–643).

Ein anderer Befragter äußerst sich zu der Thematik dahin gehend, dass das Publizieren eines Printmediums einen großen Teil seiner Freizeit füllen würde, ihm ohne diese Tätigkeit langweilig wäre und er sich ein anderes Projekt suchen müsste:

„Ehrlich gesagt weiß ich nicht, was ich sonst mit der ganzen Zeit machen würde, da wäre mir dann die ganze Zeit fad. Deswegen (...) da würde ich dann irgendwas anderes machen, und vielleicht wäre das dann eine Modelleisenbahn, aber da ist mir das Heft doch noch irgendwie lieber“ (Rokko Anal, 185–188).

Eine unterschiedliche Motivation beschreibt Didi Neidhart, am Anfang hätte ihn die ganze Thematik einfach ungemein interessiert und das Niederschreiben seiner Gedanken sei ein erfüllender Prozess gewesen. Mittlerweile scheint sich auch bei ihm die Motivation in eine andere Richtung verschoben zu haben:

„Und klar: Man will den LeserInnen auch andere Wege des Hörens, Denkens vermitteln. In diesem Punkt bin ich vielleicht Ideologe, der eine Art Mission hat. Was aber eh gut ist, weil so was stirbt eh langsam aus - da kann man schon mal über die Stränge schlagen. Muss man meiner Meinung nach auch“ (Didi Neidhart, 241–244).

Zum Thema Hobby meint Neidhart, dass die Bezeichnung wohl nicht ganz stimme und die thematischen Aspekte, die er in seiner Arbeit behandelt, immer noch von großem Interesse für ihn sind:

„In ‚Psycho‘ von Alfred Hitchcock sagt Anthony Perkins als Norman Bates folgenden schönen Satz: ‚Ein Hobby vertreibt einem die Zeit, aber es füllt sie nicht aus‘. Ich seh das ähnlich. Mich interessiert das alles halt ungemein“ (Didi Neidhart, 228–230).

5 Interpretation

Abschließend möchte ich an dieser Stelle die Ergebnisse meiner Forschungsarbeit diskutieren, und anhand meiner Forschungsfragen bzw. der im Theorieteil aufgeworfenen Überlegungen analysieren und interpretieren.

5.1 Subkultur

Zum Thema Subkultur ist zu sagen, dass die von mir Befragten einen relativ unterschiedlichen Zugang zur Thematik haben. Auffallend ist hierbei, dass fast alle der Interviewten betonten, es sei in den 1980er- oder 1990er-Jahren um einiges leichter als heute gewesen, den Begriff „Subkultur“ zu definieren. Der Grund hierfür liegt wohl auf der einen Seite in der massiven Aufsplitterung der Jugendkulturen. Gab es in den 1980er- und 1990er-Jahren nur einige wenige Szenen, die unter den Begriff der Subkultur gefallen sind (wie z.B. Punk), so findet man heutzutage eine unübersichtlich große Zahl von Szenen und Musikstilen, die, oberflächlich betrachtet, den Kriterien der Subkultur entsprechen würden. Elektronische Musik ist zu einem großen „Player“ geworden, alleine in diesem Bereich gibt es mittlerweile unzählige Spielarten und Sub-Szenen. Zu Bestimmen, welche dieser Musik Szenen nun in den Bereich der Subkultur fallen, ist eine unmögliche Aufgabe. Der sogenannte „Mainstream“ hat in den letzten Jahren eine Vielzahl dieser Musikstile aufgesaugt, und für sich vereinnahmt. Es gehört mittlerweile zur gesellschaftlichen Normalität, dass man T-Shirts von Punk-Bands wie z.B. den „Ramones“ in großen Textil - Handelsketten kaufen kann oder dass Hip-Hop- oder Techno-Veranstaltungen in großen Lokalitäten stattfinden und sich diese Musikstile einer immens großen Beliebtheit unter Jugendlichen erfreuen. Konnte man in den 1980er- und 1990er-Jahren noch behaupten, subkulturelle Inhalte sind all das, über das in den Mainstream-Medien nicht berichtet wird, so ist diese Behauptung heutzutage nicht mehr gültig, da über nahezu alle Facetten von Kunst und Kultur berichtet wird. Außerdem ist es nun um einiges schwieriger zu bestimmen , welche Medien in den Bereich des Mainstreams fallen und welche nicht.

Der andere wesentliche Aspekt dieser Thematik ist die massiv gestiegene Verfügbarkeit von subkulturellen Inhalten. Lag der Reiz der Beschäftigung mit solchen Kunstformen früher im oben erwähnten „Charakter des Geheimen“, so sind diese mittlerweile fast schon beliebig verfügbar. Vor 10 oder 15 Jahren hatte man noch das Gefühl, zu einem kleinen, eingeweihten Kreis zu gehören, wenn man sich mit bestimmten subkulturellen Formen auseinandersetzte und darüber Bescheid wusste, mittlerweile ist dieser Charakter in vielen Szenen allerdings abhanden gekommen. Der wesentliche Grund hierfür ist wohl die technische Entwicklung und das Aufkommen des Internets, aber auch die gestiegene Zahl von „klassischen" Medien (wie z.B. Printmedien, Radio- und Fernsehprogramme etc.), die sich mit subkulturellen Phänomenen beschäftigen. Außerdem ist es mittlerweile um einiges leichter geworden, selber aktiv zu werden und Medienformate zu gestalten. Mit Hilfe eines Computers kann man heutzutage in relativ kurzer Zeit und mit wenig Aufwand eine Radiosendung, ein Web-Zine oder ein Print-Format gestalten und veröffentlichen. Diese Tätigkeiten erforderten in der Zeit vor dem Internet bzw. leistbaren Computern viel mehr Engagement, Zeit und Geld.

Auch der poltische Kontext von subkulturellen Musikmedien scheint in den letzten Jahren zumindest zum Teil verloren gegangen zu sein. Waren früher für einige Medienschaffende die Musik bzw. die Kultur, über die berichtet wurde, stark verbunden mit politisch links-orientierten Inhalten bzw. mit dem DIY-Prinzip, so scheinen das viele heutige ProtagonistInnen nicht mehr so zu sehen. Kultur und Politik werden nun von einander getrennt und nicht mehr als zusammengehörige Teilaspekte eines gemeinsamen Ganzen gesehen.

Die Definitionen von Subkultur der von mir Befragten decken sich nicht zur Gänze mit den wissenschaftlichen Definitionen, was für mich keine große Überraschung darstellte. In den Interviews wurden aber immer wieder Teilaspekte aufgeworfen, die sich durchaus mit theoretischen Überlegungen zur Subkultur überschneiden. Auf diesen Aspekt werde ich an späterer Stelle der Interpretation noch zu sprechen kommen.

5.2 Ökonomie/Finanzierung

Die ökonomischen Rahmenbedingungen subkultureller Print-Medien haben sich in den letzten Jahren nicht wesentlich verändert. Subkulturelle Medien erhalten immer noch wenig bis gar keine Subventionen oder öffentliche Gelder und müssen sich daher nach anderen Finanzierungsmethoden umschauen (wobei man attestieren kann, dass die Abneigung Subventionen gegenüber in den 1990er-Jahren ausgeprägter war, während die heutigen Medienschaffenden teilweise durchaus um Subventionen ansuchen, diese allerdings nicht bewilligt werden).

Bezahlte Inserate gibt es in einigen wenigen subkulturellen Printmedien nach wie vor, wobei diese durch den Rückgang des Tonträger-Verkaufs in den letzten Jahren weniger geworden sind. Auffällig ist hierbei, dass die Akquirierung von Inseraten den subkulturellen Medienschaffenden große Probleme bereitet. Viele Inserate in subkulturellen Print-Medien basieren auf dem Tausch-Prinzip, d.h. Anzeigen werden zwischen zwei miteinander sympathisierenden Printmedien getauscht um für das jeweils andere Produkt Werbung zu machen.

Subkulturelle Musik-Medien bedienen sich ungewöhnlicher Finanzierungsmethoden, die im Bereich der kommerziellen Printmedien nicht zu beobachten sind. So werden z.B. Benefiz-Veranstaltungen organisiert, bei denen Musikgruppen für wenig oder gar keine Bezahlung auftreten. Der Erlös aus dem Eintritt bzw. aus dem Getränkeverkauf geht zu 100% an die Medienschaffenden. Dies ist in subkulturellen Kreisen eine gängige Praxis, um an Geld zu kommen. Fast alle ProtagonistInnen dieses Mediensegments müssen neben ihrer journalistischen Tätigkeit einem bezahlten Job nachgehen, um sich diese zu finanzieren. Hierbei ist das Ausmaß unterschiedlich, manche Medienschaffenden müssen sich ihr ganzes Heft auf diese Art und Weise finanzieren, während andere „nur" gewisse Arbeitsutensilien (wie z.B. Toner oder Kassetten/Minidisks) mit dem durch den Brotjob verdienten Geld kaufen müssen.

Der wohl wesentlichste Aspekt bei der Ökonomie der subkulturellen Musik-Medien ist der der Selbstausbeutung. Ohne unbezahlte Arbeit wäre dieser gesamte Medienbereich wohl nicht aufrecht zu erhalten. Anzumerken ist, dass sich Selbstausbeutung nicht nur auf den Bereich der Medien beschränkt, jede Art von Kunst oder Kultur, die nicht oder nur beschränkt ökonomisch verwertbar ist, ist darauf angewiesen. Man kann allerdings von einer Art Umweg-Rentabilität sprechen, wenn auch nicht auf einer materiellen Ebene. Viele der von mir Befragten wiesen mich darauf hin, dass sie sich durch ihre Arbeit an subkulturellen Printmedien einiges an Wissen, Fähigkeiten und Erfahrungen aneignen konnten, die ihnen in ihrem weiteren Lebensweg von großem Nutzen waren. Auch und gerade im Berufsleben waren diese Tätigkeiten wichtig und die gemachten Erfahrungen wurden von so manchem/mancher Arbeitgeber/In positiv bewertet. Gerade im Zeitalter der viel zitierten „Generation Praktikum" erscheint mir dieser Aspekt wichtig und interessant.

5.3 Selbstverständnis

Die Ergebnisse meiner Befragungen zeigen, dass das Selbstverständnis von subkulturellen Medienschaffenden äußerst heterogen und nicht über einem Kamm zu schären ist. Das Spektrum reicht von einem rein auf Musik bzw. Kunst im Allgemeinen bezogenen Selbstverständnis bis hin zu einer politischen Sichtweise des eigenen Schaffens, das in einem engen Verhältnis zu den Prinzipien der DIY-Idee bzw. der Neuen Sozialen Bewegungen steht. Die eine große, gemeinsame Idee der Subkultur gibt es also nicht.

Die meisten der Befragten formulierten eine gewisse Abgrenzung zum Mainstream als ihr Selbstverständnis, wobei diese Selbstzuschreibungen oftmals diffus blieben. In den heutigen Zeiten erscheint es, wie auch von manchen der Interviewten angemerkt, schwierig zu definieren, was genau nun der Unterschied zwischen Mainstream und Subkultur ist. Es hat sich in den letzten Jahren ein Graubereich zwischen diesen zwei Polen gebildet, in den vieles an kultureller und journalistischer Arbeit fällt.

Ich möchte an dieser Stelle die im Theorieteil aufgeworfenen Überlegungen zu subkulturellen Medien mit den Ergebnissen meiner Befragungen vergleichen. Meine Forschung bestätigte die Annahme, dass subkulturelle Medien ein Feld bearbeiten, welches von den kommerziell ausgerichteten Medien ausgeblendet wird. Die Inhalte, die die von mir befragten Protagonisten in ihren jeweiligen Heften bearbeiten, würden in den Massenmedien nur in äußerst seltenen Fällen ihren Platz finden, da sie für einen Großteil der RezpientInnen nicht von Bedeutung sind bzw. diese mit den propagierten Inhalten nichts anzufangen wüssten. Dies spiegelt sich in der im Theorieteil formulierten Aussage wieder, dass das Thema des jeweiligen Mediums hierbei nicht von Bedeutung ist, es sich in seiner Grundausrichtung aber jedenfalls von der Gesamtgesellschaft abheben bzw. unterscheiden muss. Auf die ökonomischen Faktoren (non-kommerziell, Prinzipien der Kostendeckung bzw. Selbstausbeutung, Vorsicht gegenüber Anzeigeneinnahmen und öffentlichen Subventionen) wurde weiter oben näher eingegangen. Weitere inhaltliche Merkmale von subkulturellen Medien möchte ich nun gesondert auf ihre Richtigkeit untersuchen:

- Herstellung von Gegenöffentlichkeit

Nimmt man hierbei die Definition von Konstantin Drobil zu Hilfe, wonach Gegenöffentlichkeit „einerseits durch das Aufgreifen von in etablierten Medien vernachlässigten Themen, (...) andererseits durch die Berücksichtigung von und die Information von und über (gesellschaftliche) Minderheiten und Randgruppen.“ (Drobil 1993: 22) konstituiert wird, so kann man konstatieren, dass die von mir untersuchten subkulturellen Printmedien eine Form von Gegenöffentlichkeit herstellen. Auch die Kriterien von Gerhard Ladstätter (Parteinahme statt Objektivität; Medien als Bildungs-, Kultur- und politische Meinungsbildungsmittel; kein Gewinnstreben, dafür Arbeit in Form von Selbstausbeutung; gemeinschaftliche Produktion statt Einzelproduktion; Verwendung einfacher Techniken statt Großtechniken; Autonomie, Unabhängigkeit, Selbstbestimmung, jedoch informelle Strukturen, vgl. Ladstätter 1999: 34) werden allesamt erfüllt.

- Wahrung von Authentizität

Da die meisten der von mir untersuchten subkulturellen Print-Medien über Inhalte berichten, die ihrer eigenen Lebenswelt bzw. ihren eigenen Erfahrungen auf eine gewisse Art und Weise nahe stehen, kann man auch diesen Punkt bestätigen. Subkulturelle Medien schaffen und wahren durch die Berichterstattung über ihnen bekannte Vorgänge bzw. kulturelles Schaffen Authentizität.

- Autonomie der Berichterstattung

Subkulturelle Medien berichten in der Regel nur über Themen, die ihnen wichtig sind und über die sich auch wirklich berichten wollen. Da sie von Subventionen bzw. bezahlten Inseraten nicht abhängig sind, sind sie in ihrer Berichterstattung autonom.

- Themenschwerpunkte

Auf der einen Seite wurden bei den meisten der erwähnten Printmedien immer wieder thematische Schwerpunkte gesetzt (z.B. das Thema „Rache" im „Cracked"). Interessant finde ich allerdings auch die weitere Auslegung dieses Punktes durch Karin Weber, wenn sie schreibt: „Themenschwerpunkte: sind im Falle der Fanzines deren jeweilige Subkulturszene und ihre diversen Ausformungen" (Weber 2005: 119).

- Vermeidung konventioneller sprachlicher und grafischer Normen

Auf einer sprachlichen Ebene kann dieser Punkt durchaus bestätigt werden, die einzelnen Artikel sind oftmals in einer bestimmten Rhetorik verfasst, die teilweise nur von einer mit der Thematik vertrauten, eingeweihten LeserInnenschaft verstanden werden kann. In einem kommerziell ausgerichteten Medium könnten die Artikel in dieser Art und Weise nicht erscheinen, da ein Massenpublikum schlicht und einfach nicht verstehen würde, worum es in den Beiträgen eigentlich geht. Was die Grafik anbelangt, so sind die Ergebnisse unterschiedlich. Während sich die in den 1990er-Jahren publizierten Heften in ihrem Layout durchaus von Mainstream Medien unterscheiden, so wirken die neueren Printmedien relativ „normal" (vgl. Anhang).

5.4 Der Einfluss des Internets

Was die technische Entwicklung, bzw. den Einfluss des Internets auf subkulturelle Printmedien anbelangt, so wurde die in der Einleitung aufgestellte Hypothese durch meine Befragungen bestätigt. Etliche subkulturelle Printmedien verlegten ihre Präsenz ins Internet, z.B. das von mir untersuchte Cracked (aus Kostengründen), andere Hefte wiederum gestalteten eine Web-Page bzw. ein Profil auf einem der neuen sozialen Netzwerke begleitend zum Heft. Diese Lösung dürfte die häufigste und sinnvollste sein, da man auf der Homepage Multimedia-Dateien anbieten kann sowie Inhalte, die aus diversen Gründen (Aktualität, Umfang des Heftes etc.) nicht in der Print-Ausgabe erscheinen konnten. Als weitere positive Aspekte des Internets wurden in den Interviews die leichtere und schnellere Kommunikation, die ökonomische Komponente (es ist schlichtweg billiger, ein Online-Medium zu veröffentlichen als ein Print-Medium), sowie die unkompliziertere Recherchearbeit genannt. Negativ bewertet wurde die gesunkene Wertigkeit von Informationen, aber auch von künstlerischen Inhalten, bedingt durch die massiv gestiegene Verfügbarkeit im Internet. Außerdem wird die Tatsache bemängelt, dass man, um Online-Medien zu rezipieren, vor einem Computer sitzen muss und das Medium nicht überallhin mitnehmen kann.

Ein interessanter Aspekt für mich war die Frage, ob die Interviewten das Printformat an sich durch die technische Entwicklung gefährdet sehen, was alle Befragten verneinten. Vor allem in Hinblick auf die aktuelle Diskussion über die Zukunft der Zeitung bzw. Printmedien im Allgemeinen erscheint mir diese Einschätzung wichtig. Eine der Thesen, die im Zuge dieser Diskussion immer wieder auftauchte, ist die Annahme, dass es die Tageszeitung wie sie heute existiert, in dieser Form nicht mehr lange geben wird. Printmedien müssten sich spezialisieren, entweder geografisch auf einen lokalen Markt oder aber thematisch auf ein bestimmtes Gebiet. Genau das machen subkulturelle Printmedien, sie decken ein, wie weiter oben schon erwähnt, von den Massenmedien ausgeblendetes Gebiet ab. Auch aus diesem Grund muss ich den Befragten recht geben, ich denke nicht, dass das Internet mit seinen unzähligen Web-Zines und Blogs das subkulturelle Printmedium verdrängen wird.

5.5 Professionalisierung

Die von mir durchgeführten Interviews bestätigen durchaus meine These, dass sich subkulturelle Printmedien auf der einen oder anderen Ebene in den letzten Jahren professionalisiert haben. Die beiden wichtigsten Aspekte hierbei sind wohl das Layout und die ökonomische Komponente. Zum Layout: „Klassische" Fanzines, wie sie in den 1980er- und 1990er-Jahren existiert haben, gibt es heutzutage fast nicht mehr, zumindest konnte ich während meiner Recherchen (die sich auf ausschließlich Wien bezogen) keinen Vertreter dieser Gattung entdecken. Erkennungsmerkmale waren damals eine schlichte Ästhetik, meistens in schwarz-weiß gehalten, mit der „Copy & Paste" Methode entworfen und ohne viele oder qualitativ hochwertige Bilder. Dass die Medienschaffenden in den letzten Jahren von dieser Erscheinungsform abgekommen sind mag mit der technischen Entwicklung zu tun haben. Computer sowie Layout-Programme sind heutzutage relativ billig bzw. gratis (Freeware-Programme [21]) zu erwerben. Außerdem handelt es sich bei den jüngeren Medienschaffenden um Angehörige einer Generation, die mit Computern aufgewachsen sind und die notwendigen Fertigkeiten zum Layoutieren eines Printmediums entweder bereits besitzen oder sich nicht allzu schwer damit tun, sich diese anzueignen. Es gibt also mittlerweile keine Gründe mehr, zu einer simpleren Gestaltungsform zurückzukehren.

Was den ökonomischen Aspekt anbelangt, so haben sich etliche Medien, die früher einmal dem Bereich der Subkultur angehörten, diesbezüglich professionalisiert. Sprich sie haben einen professionellen Vertrieb, sie finanzieren sich zum Teil durch bezahlte Anzeigen und können ihre MitarbeiterInnen zumindest teilweise bezahlen. Diese Magazine lassen sich aber, unter anderem durch diese Professionalisierung, aber auch durch inhaltliche Aspekte, nicht mehr dem subkulturellen Mediensegment zuordnen. Geht man als Medienschaffender/e diesen Weg, so ist man zumindest teilweise abhängig von den Anzeigen-Schaltern, sprich der Musikindustrie. Man muss also über Bands oder künstlerische Inhalte berichten, die dem Mainstream zuzuordnen sind und kann sich nicht mehr ausschließlich mit unbekannten, subkulturellen Formen beschäftigen. Inhaltliche und ökonomische Professionalisierung geht also oftmals Hand in Hand, und führen in den kommerziellen, auf Profit ausgerichteten Medienbereich. Oftmals werden solche Musikmagazine gratis verteilt, was von vielen der Befragten negativ bewertet wurde.

Hierbei bleibt anzumerken, dass diese Musikmagazine nicht in den von mir untersuchten Bereich fallen. Die von mir untersuchten Medien sind bis jetzt aus diversen Gründen nicht den Weg in Richtung eines kommerziell ausgerichteten Printmediums gegangen. Manche Medienschaffenden wollten dies aus politischen Gründen

---

21 Programme, die man sich gratis und legal aus dem Internet herunterladen kann.

nicht, andere wiederum haben nicht die nötige Zeit und Energie dafür, und wieder andere wären einer solchen Entwicklung prinzipiell nicht abgeneigt, nur hat sich bisher nicht die passende Gelegenheit ergeben. Hier sind die Ergebnisse meiner Untersuchung also durchaus heterogen.

5.6 Motivation

Auch in dieser Kategorie gab es erwartungsgemäß unterschiedliche Ergebnisse. Interessant scheint mir, dass fast keiner der Interviewten (zumindest im Rückblick) sein Schaffen als reines Hobby ansieht. Dazu erscheint das Publizieren eines „eigenen" Heftes zu wichtig und bedeutungsvoll für das eigene Leben bzw. die eigene Entwicklung. Außerdem ist der Begriff „Hobby" oftmals negativ konnotiert und wird eher mit Tätigkeiten wie Briefmarkensammeln in Verbindung gebracht. Auch wenn von der Herangehensweise bzw. dem Zeitaufwand her durchaus Parallelen bestehen, so denke ich ebenfalls, dass der Begriff „Hobby" für die Tätigkeiten der von mir Befragten zu kurz gefasst ist. Die Protagonisten erwarben durch ihr Tun oftmals Fähigkeiten und Erfahrungen, die ihnen in anderen Lebensbereichen hilfreich waren. Dies unterscheidet ihr Schaffen wohl von einem reinen Hobby.

Die Bandbreite der unterschiedlichen Motive für das Publizieren eines subkulturellen Mediums reicht von einer politischen Herangehensweise über das Ziel, den Output einer gewissen Szene zu dokumentieren bzw. zu archivieren bis hin zu reiner Provokation.

Die eine, gemeinsame Motivation für subkulturelle Medienschaffende gibt es also nicht. So wie jeder/e Protagonist/In dieses Mediensegments über eine eigenständige Persönlichkeit verfügt, so unterschiedlich sind auch die jeweiligen Motive für ihr Schaffen.

6 Resümee

Ich hoffe, in meiner Arbeit einen guten Überblick über die Situation von subkulturellen Musikmedien bzw. den jeweiligen Medienschaffenden in Wien gegeben zu haben. Da dieser Bereich in der Kommunikationswissenschaft eher stiefmütterlich behandelt wurde, ist es meiner Meinung nach wichtig, solche Mediensegmente wissenschaftlich zu untersuchen. Vor allem die ökonomischen Umstände, unter welchen subkulturelle Medienschaffende oftmals arbeiten müssen, sind für mich interessant und sollten eventuell zum Nachdenken anregen.

Zusammenfassend kann gesagt werden, dass sich die Rahmenbedingungen für subkulturellen Musikjournalismus in Wien in den letzten Jahren in einigen Bereichen verändert haben. Dies geht einher mit einer allgemeinen Veränderung innerhalb der sogenannten Neuen Sozialen Bewegungen. Man kann konstatieren, dass diese Bewegungen in den letzten Jahren doch einiges an gesamtgesellschaftlicher Bedeutung eingebüsst haben, dies spiegelt sich auch in der Print-Medienlandschaft dieser „Szene" wieder. Das Aufkommen des Internets bzw. die gesteigerte Verfügbarkeit von technischen Ressourcen hatten ebenso Einfluss auf diese Entwicklung, viele Publikationen verlegten ihre Präsenz ins Internet.

Untersucht man die ökonomischen Rahmenbedingungen einer subkulturellen Musikpresse, so kommt man zum Ergebnis, dass sich hierbei nicht allzuviele Veränderungen abgespielt haben - die Publikationen finanzieren sich immer noch aus den nahezu selben Quellen wie in den 1990er-Jahren und basieren, wie im empirischen Teil nachgewiesen wurde, zu einem großen Teil auf Selbstausbeutung und unbezahlter Arbeit.

Ein interessantes Ergebnis meiner Forschung war, dass es, trotz aller Widrigkeiten, immer noch Menschen gibt, die sich für ein derartiges Mediensegment interessieren und weiterhin Print-Publikationen veröffentlichen. Auch eine interessierte LeserInnenschaft scheint immer noch vorhanden, wenn auch nicht mehr in dem selben Maße wie in den 1990er-Jahren. Diese Aspekte stimmen mich durchaus positiv, was die Zukunft der subkulturellen Musikpresse in Wien anbelangt. Ich bin der Meinung, dass derartige Musikmagazine in absehbarer Zeit nicht verschwinden werden bzw. durch das Internet in ihrer Existenz bedroht sind. Solange immer wieder junge, motivierte Medienschaffende nachrücken und neue Projekte starten, muss man sich um die subkulturelle Musikpresse in Wien keine Sorgen machen.

Ich denke, dass es mir gelungen ist, die in der Einleitung beschriebenen Forschungsfragen wissenschaftlich aufzuarbeiten und, gemäß meinen Hypothesen, sinnvoll zu beantworten. Ich würde mich freuen, wenn meine Arbeit, sowie ähnlich geartete Arbeiten davor, andere Studierende bzw. WissenschaftlerInnen dazu motivieren würde, in eine ähnliche Richtung zu forschen. Es gibt sicherlich noch einige Leerstellen, die im Bereich der subkulturellen bzw. alternativen Medien bisher noch nicht untersucht wurden.

7 Quellen

7.1 Literatur

autonome a.f.r.i.k.a. gruppe: „Handbuch der Kommunikationsguerilla“, Berlin, Hamburg, Göttingen 2001

Baacke, Dieter: „Jugend und Jugendkulturen - Darstellung und Deutung“, München 1987

Bauer, Corrina: „Der britische Musikjournalismus von 1970 bis 1980 und sein Einfluss auf deutsche Musikmagazine“, Wien 2008

Behrens, Roger: „Pop, Kultur, Industrie - zur Philosophie der populären Musik“, Würzburg 1996

Beywl, Wolfgang/Brombach, Hartmut: „Kritische Anmerkungen zur Theorie der Alternativpresse“, in: Publizistik, 27. Jhg., Heft 4

Beywl, Wolfgang/Brombach, Hartmut: „Nicht bloß Theorie“, in: Weichler, Kurt: „Gegendruck - Lust und Frust der alternativen Presse“, Reinbek bei Hamburg 1983

Brake, Mike: „Soziologie der jugendlichen Subkulturen“, Frankfurt a. M. 1981

Burkart, Roland: „Kommunikationswissenschaft - Grundlagen und Problemfelder, Umrisse einer interdisziplinären Sozialwissenschaft“, Wien 2002

Büsser, Martin: „If The Kids Are United - Von Punk zu Hardcore und zurück“, Mainz 1995

Calmbach, Marc: „More Than Music - Einblicke in die Jugendkultur Hardcore", Ludwigsburg 2007

Clarke, John: „Stilschöpfung“, in: Kemper, Peter; Langhoff, Thomas; Sonnenschein, Ulrich: „But I like it - Jugendkultur und Popmusik“, Stuttgart 1998

Cremer, Günter: „Die Subkultur der Rocker - Erscheinungsform und Selbstdarstellung“, Pfaffenweiler 1992

Diederichsen, Dietrich: „Schocker - Stile und Moden der Subkultur“, Reinbeck bei Hamburg 1983

Dorer, Johanna/Marschik, Mathias/Glattau, Robert (Hrsg.): „Medienverzeichnis 1992/93, Gegenöffentlichkeit und Meinungsinitiativen in Österreich“, Wien 1992

Dorer, Johanna: „Struktur und Ökonomie der Alternativpresse. Eine Bestandsaufnahme des nichtkommerziellen Zeitschriftenmarktes am Beispiel Österreich", in: Publizistik, 40. Jhg, Heft 3

Drobil, Konstantin: „Die Alternativpresse in Österreich - eine Untersuchung der ökonomischen Strukturen und der staatlichen Rahmenbedingungen anhand einer repräsentativen Erhebung 1992", Wien 1993

Enzensberger, Hans Magnus: „Baukasten zu einer Theorie der Medien", in: Kursbuch 20, Frankfurt 1970, S. 159-186; veröffentlicht in: Gottschlich, Maximilian (Hrsg.): „Massenkommunikationsforschung - Theorieentwicklung und Problemperspektiven, Wien 1987

Flick, Uwe: „Qualitative Sozialforschung - eine Einführung", Reinbek bei Hamburg 2001

Frith, Simon: „Zur Ideologie des Punk", in: Kemper, Peter; Langhoff, Thomas; Sonnenschein, Ulrich: „But I like it - Jugendkultur und Popmusik", Stuttgart 1998

Hall, Stuart: „Encoding and Decoding in Television Discourse", Birmingham 1973

Hebidge, Dick: „Stil als absichtliche Kommunikation", in: Kemper, Peter; Langhoff, Thomas; Sonnenschein, Ulrich: „But I like it - Jugendkultur und Popmusik", Stuttgart 1998

Hepp, Andreas: „Cultural Studies und Medienanalyse", Wiesbaden 1999

Hoffer, Thomas: „DIY-KonzertveranstalterInnen von Hardcore und Punk Konzerten in Wien - Hobby mit subkulturellem Touch oder semi-professionelles Kulturmanagement?", Wien 2006

Holert, Tom; Terkessidis, Mark: „Mainstream der Minderheiten", in: Kemper, Peter; Langhoff, Thomas; Sonnenschein, Ulrich: „But I like it - Jugendkultur und Popmusik", Stuttgart 1998

Hoggart, Richard: „The Uses of Literacy", London 1957

Horak, Roman: „Die Praxis der Cultural Studies", Wien 2002

Katheder, Doris: „Mädchenbilder in deutschen Mädchen- und Jugendzeitschriften der Gegenwart", Freiburg 2008

Kettler, Gerhard: „Alternative Tageszeitung in Österreich?", Wien 1997

Kramer, Jürgen: „British Cultural Studies", München 1997

Ladstätter, Gerhard: „Dachverbände und Vernetzungen von alternativen Medien", Wien 1999

Lamnek, Siegfried: „Qualitative Sozialforschung, Band 2, Methoden und Techniken“, München 1995

Lau, Thomas: „Die heilligen Narren - Punk 1976-1978“, Berlin 1992

Lauth, Eberhard: „Konstruieren Medien Musikszenen? Der "Hype" als kommunikatives Phänomen im (Musik-)Journalismus; eine Analyse anhand des Fallbeispiels der Wiener Elektronik-Szene“, Wien 2002

Lutter, Christina; Reisenleitner, Markus: „Cultural Studies - eine Einführung“, Wien 1998

Mayring, Philipp: „Einführung in die qualitative Sozialforschung - eine Anleitung zu qualitativem Denken“, Weinheim 1993

Mück, Jürgen: „Die Subkultur der Punk-Bewegung“, Wien 1994

Negt, Oskar; Kluge, Alexander: „Öffentlichkeit und Erfahrung - zur Organisationsanalyse von bürgerlicher und proletarischer Öffentlichkeit“, Frankfurt a.M. 1972

Parzer, Michael: „Musiksoziologie remixed“, Wien 2004

Neissl, Julia; Siegert, Gabriele; Renger, Rudi: „Cash und Content - populärer Journalismus und mediale Selbstthematisierung als Phänomene eines ökonomisierten Mediensystems - eine Standortbestimmung am Beispiel ausgewählter österreichischer Medien“, München 2001

Rauscher, Rosemarie: „Politik im Underground - zur Problematik von Musikveranstaltungslokalen der Subkultur in Wien am Beispiel Arena und Flex“, Wien 1998

Reinecke, Julia: „Street-art: Eine Subkultur zwischen Kunst und Kommerz“, Bielefeld 2007

Renger, Rudi: „Populärer Journalismus - Nachrichten zwischen Fakten und Fiktion“, Innsbruck 2000

Rucht, Dieter: „Modernisierung und neue soziale Bewegungen - Deutschland, Frankreich und USA im Vergleich“, Frankfurt a. M. 1994

Rumpf, Wolfgang: „Pop und Kritik - Medien und Popkultur: Rock 'n' Roll, Beat, Rock, Punk/Elvis Presley, Beatles/Stones, Queen/Sex Pistols in Spiegel, Stern und Sounds“, Münster 2004

Schulze, Bernd: „Sportarten als soziale Systeme : Ansätze einer Systemtheorie der Sportarten am Beispiel des Fußballs“, Münster 2005

Schwarzmeier, Jan: „Die Autonomen zwischen Subkultur und sozialer Bewegung“, Göttingen 1999

Schwendter, Rolf: „Theorie der Subkultur“, Hamburg 1973

Thompson, Edward P.: „The Making of the English Working Class", Harmondsworth 1972

Thornton, Sarah: „Club Cultures - Music, Media and Subcultural Capital", Cambridge 1995

Wächter, Natalia: „Punk/Hardcore - Die Bewegung in den USA 1993“, Wien 1995

Weber, Karin: „Österreichische Fanzines aus der Punkrock-, Oi!- und (antirassistischen) Skinheadszene“, Wien 2005

Weichler, Kurt: „Gegendruck - Lust und Frust der alternativen Presse“, Reinbek bei Hamburg 1983

Weichler, Kurt: „Die anderen Medien - Theorie und Praxis alternativer Kommunikation“, Berlin 1987

Williams, Raymond: „Culture and society“, New York 1983

Willis, Paul: „Profane Culture - Rocker, Hippies: Subversive Stile der Jugendkultur", Frankfurt a. M. 1981

7.2 Internet

http://www.fanzine-index.de/

http://www.monochrom.at/cracked

http://www.myspace.com/rokkosadventures

http://www.skug.at/

Alle zuletzt eingesehen im Mai 2009.

8 Anhang

Im Anhang möchte ich nun einige Covers der von mir untersuchten subkulturellen Musikmedien wiedergeben (Cracked #1 und # 7 einhalb, Rokko's Adventures #1 und #4, Flex Diges #19 und #26). Besonders interessant finde ich diese, da ja eines der von Karin Weber formulierten Kriterien für alternative Medien die Vermeidung von konventionellen graphischen Normen ist.

Die abgedruckten Bilder wurden mir von den jeweiligen Herausgebern bzw. Redakteuren der Magazine zur Verfügung gestellt. Ich habe mich bemüht, sämtliche Inhaber der Bildrechte ausfindig zu machen und ihre Zustimmung zur Verwendung der Bilder in dieser Arbeit eingeholt. Sollte dennoch eine Urheberrechtsverletzung bekannt werden, ersuche ich um Meldung bei mir.

CRACKED
SPEZIAL
#7 einhalb
RACHE
BRAUCHBARE DIY-FILES

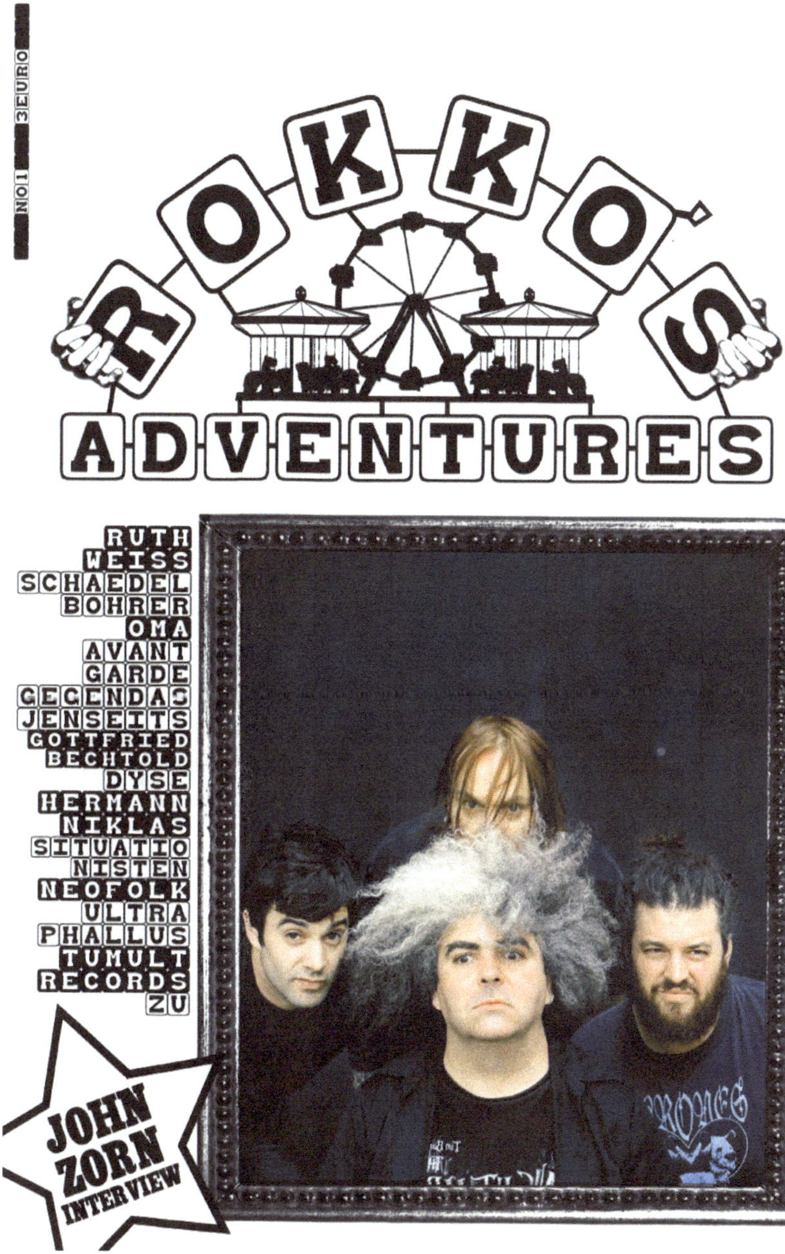

NO1 3EURO

RUTH
WEISS
SCHAEDEL
BOHRER
OMA
AVANT
GARDE
GEGENDAS
JENSEITS
GOTTFRIED
BECHTOLD
DYSE
HERMANN
NIKLAS
SITUATIO
NISTEN
NEOFOLK
ULTRA
PHALLUS
TUMULT
RECORDS
ZU

JOHN
ZORN
INTERVIEW

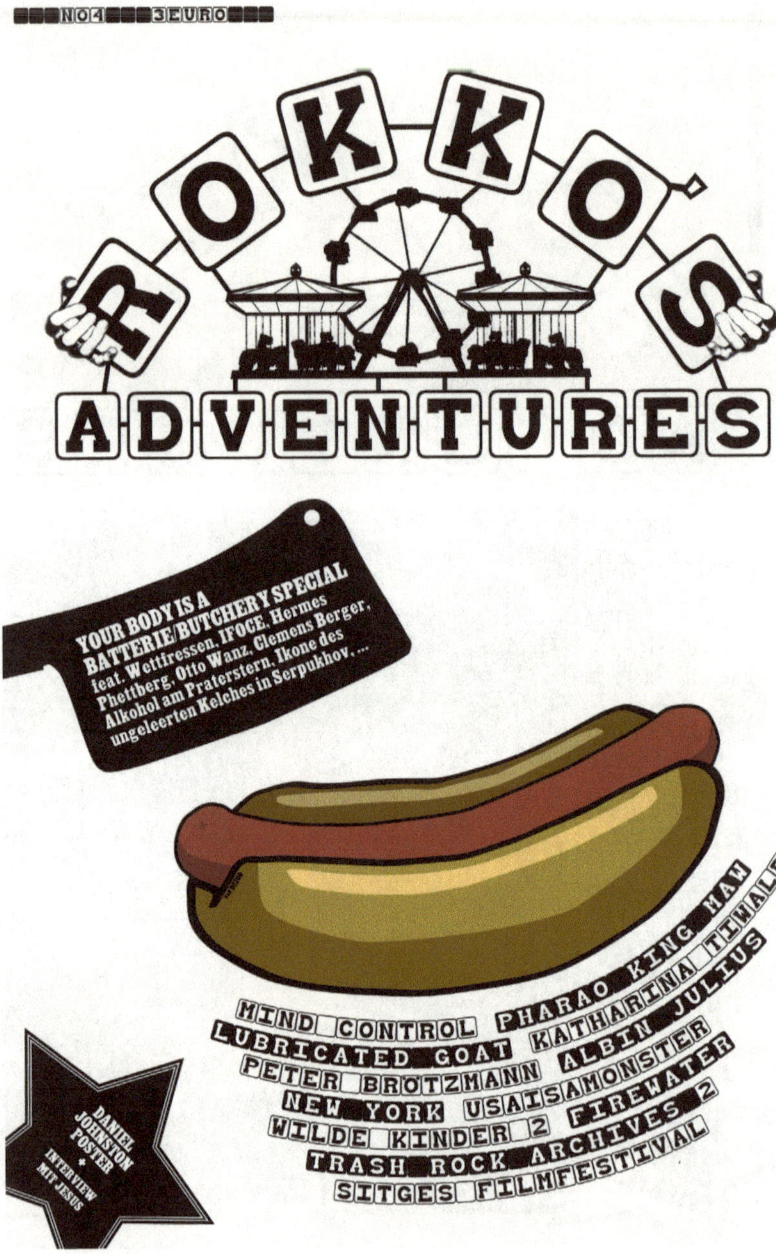

NO4 3EURO

YOUR BODY IS A BATTERIE/BUTCHERY SPECIAL
feat. Wettfressen, IFOCE, Hermes Phettberg, Otto Wanz, Clemens Berger, Alkohol am Praterstern, Ikone des ungeleerten Kelches in Serpukhov, ...

MIND CONTROL PHARAO KING MAW
LUBRICATED GOAT KATHARINA TIWALD
PETER BRÖTZMANN ALBIN JULIUS
NEW YORK USAISAMONSTER
WILDE KINDER 2 FIREWATER
TRASH ROCK ARCHIVES 2
SITGES FILMFESTIVAL

DANIEL JOHNSTON POSTER
+
INTERVIEW MIT JESUS

Brutal wollen sie Wien zu Chicago machen:

Linksanarchistische Radikalchaoten besetzen Pensionistenwohnungen

Frühjahr 1996/ Nr. 19, S 25/ DM 4

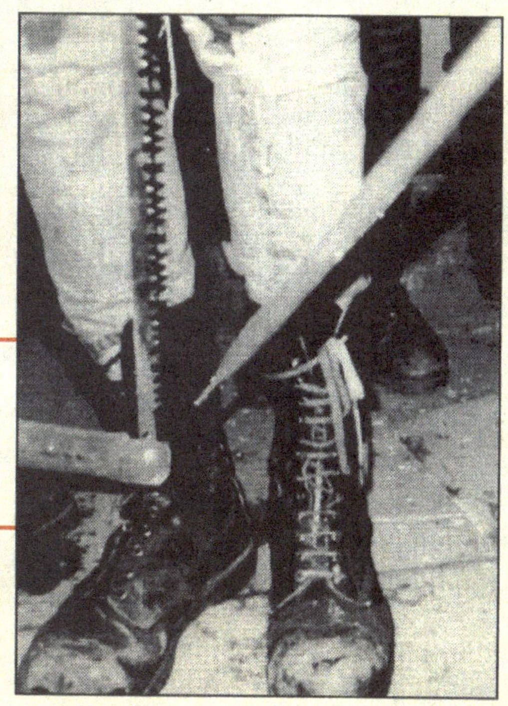

In eigener Sache – Unbekannte entwendeten letzte Nacht bei einem Einbruch in unserer Redaktion 2 Großbuchstaben, einen Kleinbuchstaben sowie ein Apostroph. Die Redaktion bittet um Hinweise und appelliert eindringlich an die Täter: „Gebt auf, Jungs, ihr könnt mit den Buchstaben doch nichts anfangen!"

Wien. – Überraschend nachnominiert für das WM-Qualifikationsspiel gegen Malta wurde Otto Beil, 47 (Bild). Herbert Prohaska verspricht sich einiges vom Defensivmann des SV Hollabrunn: „Der Otti ist ein Steher!" (Reaktionen im Sportteil).

EX DIGEST

COMEDOR

L.M.N.

#26 30ATS 5DM

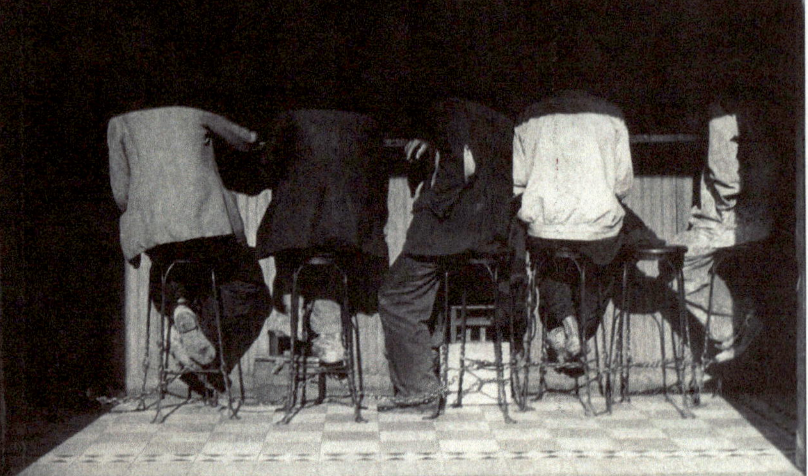

FREI
RADIO ORANGE

FETISCHISMUS
TIBERIUS

UND
SKIN GRAFT DICK LUCAS COMIC BUCH VERLEUMDUNGEN

LÄRM
STRAHLER 80 | DOUBLE NELSON | BULBUL | FLOWERS IN CONCRETE

9 Abstract

Der Bereich der Subkultur wurde in den letzten Jahren in vielen Forschungsarbeiten untersucht, vor allem bedingt durch den Boom der Cultural Studies im anglo-amerikanischen Raum. Auf einer kommunikationswissenschaftlichen Ebene wurde das Thema, vor allem im Bereich der Printmedien, jedoch relativ spärlich abgehandelt. Zwar gibt es einige wenige Arbeiten, die sich mit Fanzines in Österreich beschäftigen, jedoch sind viele davon mittlerweile bereits veraltert bzw. bearbeiten Themengebiete, die sich nicht mit meinem Forschungsinteresse überschneiden.

In meiner Arbeit "Die Entwicklung der subkulturellen Musikpresse in Wien seit Mitte der 1990er-Jahre" untersuche ich folgende zentrale Themengebiete:

- Das Selbstverständnis von subkulturellen Medienschaffenden
- Definitionen des Begriffs Subkultur
- Finanzierung bzw. Ökonomie von subkulturellen Printmedien
- Der Einfluss der neuen Medien (vor allem des Internets) auf den Bereich der subkulturellen Printmedien
- Professionalisierung dieses Mediensegments
- Die Motivation, ein subkulturelles Musikmagazin zu veröffentlichen

Besonderes Augenmerk legte ich auf die Entwicklung in den letzten 10-15 Jahren, d.h. wie haben sich die oben genannten Faktoren in diesem Zeitraum verändert.

Die Ergebnisse meiner Untersuchungen lassen sich wie folgt zusammenfassen: Einige der von mir Befragten definierten ihr Schaffen selbst nicht explizit als subkulturell, obwohl die von ihnen verfassten Magazine eindeutig dem Segment der subkulturellen Medien zuzuordnen sind. Gab es in den 1990er-Jahren noch einen stark links-politisch konnotierten Zugang zu der Thematik, so stehen heutzutage eher die künstlerischen Aspekte im Mittelpunkt. Der Begriff Subkultur ist mittlerweile sehr schwierig zu definieren, die Befragten attestierten, dass diese Aufgabe vor 10 oder 15 Jahren noch um einiges leichter war. Gründe dafür sind wohl die massive Ausdifferenzierung der subkulturellen Musikszenen sowie die gestiegene Informationsverfügbarkeit, bedingt durch das Internet. Es gibt mittlerweile einen großen Graubereich zwischen Mainstream und Subkultur, in den einiges an künstlerischer und journalistischer Arbeit fällt.

Die ökonomischen Umstände subkultureller Printmedien haben sich in den letzten Jahren nicht wesentlich verändert. Der zentrale Begriff hierbei ist die Selbstausbeutung, sprich unbezahltes Arbeiten. Subventionen bzw. finanziell erträgliche Inserate spielen so gut wie keine Rolle.

Das Internet hatte großen Einfluss auf diesen Medienbereich, viele Magazine stellten ihre Printausgaben ein und erscheinen nur mehr online als „Web-Zine". Hauptgrund dafür sind ökonomische Faktoren.

Subkulturelle Printmedien haben sich in den letzten Jahren auf eine gewisse Art und Weise professionalisiert. Klassische Fanzines, die mit der „Copy and Paste"-Methode gelayoutet wurden und in den 90er-Jahren stark verbreitet waren, existieren in Wien mittlerweile so gut wie gar nicht mehr.

Die Motivationen der einzelnen Medienschaffenden sind sehr heterogen und persönlich motiviert, die Bandbreite reicht von „Provokation" bis hin zu der Absicht, die eigene Szene zu dokumentieren bzw. zu archivieren. Die eine, gemeinsame Motivation für subkulturelle Medienschaffende gibt es nicht.

Zeitfracht Medien GmbH
Ferdinand-Jühlke-Straße 7
99095 Erfurt, Deutschland
produktsicherheit@kolibri360.de